신문이 보이고 ①
뉴스가 들리는
재미있는 **선거와 정치
이야기**

신문이 보이고 뉴스가 들리는 ❶
재미있는 **선거와 정치 이야기**

개정판 1쇄 발행 | 2013년 6월 27일
개정판 16쇄 발행 | 2025년 4월 17일

지 은 이 | 조항록
그 린 이 | 박순구 강경수
감   수 | 신명순 서정일

펴 낸 곳 | (주)가나문화콘텐츠
펴 낸 이 | 김남전
편 집 장 | 유다형
편   집 | 김아영
외 주 편 집 | 아우라
디 자 인 | 양란희
마 케 팅 | 정상원 한웅 정용민 김건우
관   리 | 김경미

출 판 등 록 | 2002년 2월 15일 제10-2308호
주   소 | 경기도 고양시 덕양구 호원길 3-2
전   화 | 02-717-5494(편집부) 02-332-7755(관리부)
팩   스 | 02-324-9944
홈 페 이 지 | ganapub.com
이 메 일 | ganapub@naver.com

ISBN 978-89-5736-572-4(74340)

*이 책은 《신문이 보이고 뉴스가 들리는 재미있는 정치 이야기》를 전면 개정한 책입니다.

*책값은 뒤표지에 표시되어 있습니다.
*이 책의 내용을 재사용하려면 반드시 (주)가나문화콘텐츠의 동의를 얻어야 합니다.
*잘못된 책은 구입하신 서점에서 바꾸어 드립니다.

*'가나출판사'는 (주)가나문화콘텐츠의 출판 브랜드입니다.

- 제조자명 : (주)가나문화콘텐츠
- 주소 및 전화번호 : 경기도 고양시 덕양구 호원길 3-2 / 02-717-5494
- 제조연월 : 2025년 4월 17일
- 제조국명 : 대한민국
- 사용연령 : 4세 이상 어린이 제품

신문이 보이고 뉴스가 들리는 재미있는 선거와 정치 이야기 ①

글 조항록 | 그림 박순구·강경수
감수 신명순(연세대학교 정치외교학과 명예교수)·서정일

가나출판사

| 머 리 말 |

어린이 여러분은 '정치'에 대해 어떤 생각을 갖고 있나요?

아마도 많은 어린이들이 정치는 어른들이나 관심을 갖는 어려운 것이라고 생각할 거예요. 부모님의 어깨 너머로 신문을 봐도, 뉴스를 들어도 도무지 알 수 없는 이야기들뿐일 테니까요. 또 어느 경우에는 정치인들이 비상식적으로 싸우는 모습을 보여 실망감을 느끼기도 했겠지요. 그러다 보니 자연히 정치는 어려운 것, 다른 사람들에게 쉽게 상처를 주는 부정적인 것으로 여겨졌을 거예요.

하지만 정치는 우리의 삶에서 떼려야 뗄 수 없는 것이랍니다. 단지 어른들뿐만 아니라, 어린이 여러분의 일상생활에도 알게 모르게 영향을 끼치고 있지요. 모름지기 정치가 바람직하게 이루어져야 여러분이 마음껏 꿈을 펼칠 수 있답니다.

흔히 정치란, 대통령이나 국회의원 같은 정치인들이 권력을 행사해 나라를 다스리고 사회의 질서를 바로잡는 행위를 말해요. 그런데 그 의미를 좀 더 폭넓게 살펴보면 '사람들 사이의 의견 차이나 이해관계를 둘러싼 다툼을 해결하는 과정'이라고 할 수 있지요. 즉 사회를 구성하고 있는 다양한 사람들 사이에 갈등이 생겼을 때, 그런 상황을 원만하게 해결하는 것을 정치라고 일컬어요.

　여러 사람이 함께 어울려 행복하게 살아가려면 정치가 꼭 필요한 법이지요. 우리는 이미 학교에서, 가정에서, 또 친구들 사이에서 이런저런 형태의 정치를 경험하고 있어요. 이를테면 어린이 여러분이 학기 초마다 실시하는 학급 회장 선거나 모둠 활동 등도 일종의 정치라고 할 수 있지요.

　앞으로 우리나라의 민주주의가 더욱 발전하고 많은 사람이 행복하게 살아가는 나라가 되려면 어린이 여러분이 정치에 대해 적극적인 관심을 가져야 해요. 그래야만 국민과 나라를 위해 성심껏 일하는 정치가를 뽑을 수 있고, 나아가 여러분이 훗날 멋진 정치가가 될 수도 있겠지요.

　어린이 여러분이 어른이 되었을 때를 상상해 보세요. 정부는 국민을 따뜻하게 보살피는 정치를 하고, 국민은 정부를 믿고 따를 때 더욱 살기 좋은 나라가 되지 않을까요? 바로 그런 미래를 만드는 데 이 책의 재미있는 내용들이 작은 도움이 되었으면 하는 바람이에요.

조항록

| 차례 |

머리말 · 4

1장 국민이 주인, 민주주의 · 10

정치가 뭐예요? · 12
민주주의가 뭐예요? · 14
민주주의의 반대는 공산주의인가요? · 16
민주주의의 진정한 가치가 뭐예요? · 18
민주 정치를 실현하는 방법이 있나요? · 20
모든 국민이 직접 정치에 참여할 수 있을까요? · 22
헌법만 있으면 민주주의 국가인가요? · 24
삼권 분립이 무슨 뜻이에요? · 26
다수결의 원칙은 언제나 바람직한가요? · 28
민주주의를 잘 표현한 연설이 있다고요? · 30
정치 지식 플러스 | 우리나라의 민주화 과정 · 32

2장 민주주의의 꽃, 선거 · 34

왜 선거를 민주주의의 꽃이라고 하나요? · 36
선거는 몇 살부터 할 수 있나요? · 38
만 18세가 되면 누구나 투표를 할 수 있나요? · 40
똑똑한 사람은 투표를 두 번 하나요? · 42
다른 사람이 대신 투표해도 되나요? · 44
누구를 찍었는지 물어봐도 되나요? · 46

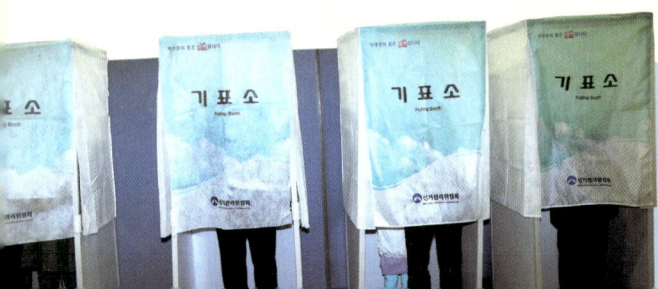

아프거나 외국에 살면 투표를 할 수 없나요? · 48
누가 선거를 관리하고 감독하나요? · 50
어떻게 선거를 치르나요? · 52
대통령과 국회의원만 선거로 뽑나요? · 54
어떤 기준으로 선거구를 나누나요? · 56
어떻게 투표가 끝나자마자 누가 당선될지 알지요? · 58
재선거와 보궐 선거는 어떻게 달라요? · 60
정치 지식 플러스 | 재미있는 여러 나라의 선거 · 62

3장 대통령과 정부 · 64

정부에서는 무슨 일을 하나요? · 66
정부의 조직이 궁금해요 · 68
큰 정부와 작은 정부가 뭐예요? · 70
중앙 정부와 지방 정부가 달라요? · 72
누구나 대통령 선거에 나갈 수 있나요? · 74
대통령이 없는 나라도 있나요? · 76
대통령은 나랏일을 마음대로 할 수 있나요? · 78
우리나라에는 부통령이 없어요? · 80
대통령은 얼마 동안 할 수 있어요? · 82
대통령에게 사고가 나면 어떻게 하나요? · 84
왜 정상 회담을 하나요? · 86
국무총리와 장관도 공무원인가요? · 88

외교관이 하는 일이 뭐예요? · 90

정치 지식 플러스 | 세계 평화를 위해 노력하는 국제기구 · 92
정치 지식 플러스 | 세계 여러 나라의 정부 형태 · 94

4장 국회의원과 국회, 입법부 · 96

국회에서 하는 일이 뭐예요? · 98

국회는 언제 열리나요? · 100

국회에서 안건은 어떻게 결정되나요? · 102

국회의원 선거는 몇 년에 한 번씩 치러지나요? · 104

국회의원은 모두 국민이 직접 뽑나요? · 106

국회의원에게는 특별한 권한이 주어지나요? · 108

국회의원이 지켜야 할 의무에는 뭐가 있나요? · 110

정당이 뭐예요? · 112

정당은 어떤 일을 하나요? · 114

여당과 야당은 어떻게 달라요? · 116

다른 나라에도 정당이 여러 개 있나요? · 118

정치 지식 플러스 | 세계 여러 나라의 정당 · 120

5장 헌법과 사법부 · 122

헌법에는 어떤 내용이 담겨 있나요? · 124

우리나라의 헌법은 왜 자주 바뀌었나요? · 126

법원이 하는 일이 뭐예요? · 128

법원도 종류가 많은가요? · 130

헌법재판소는 어떤 일을 하나요? · 132

민사 재판과 형사 재판은 뭐가 달라요? · 134

판사, 검사, 변호사는 어떻게 다른가요? · 136

판사가 한쪽 편만 들어주면 어쩌죠? · 138

변호사를 구하지 못하면 어떻게 재판을 받나요? · 140

정치 지식 플러스 | 법과 관련된 국가 기관 · 142

6장 국민과 정치 참여 · 144

국민이 누릴 수 있는 권리에는 무엇이 있나요? · 146

국민이 지켜야 할 의무도 있다고요? · 148

정치는 정치인만 하는 건가요? · 150

정치에 참여하는 방법에는 무엇이 있나요? · 152

시민 단체에서는 무슨 일을 하나요? · 154

전자 민주주의가 뭐예요? · 156

여론이 뭔가요? · 158

언론의 역할이 왜 중요해요? · 160

왜 사람마다 지지하는 정당이 다른가요? · 162

사회 갈등을 정치로 해결한나고요? · 164

정치 지식 플러스 | 다양한 정치 참여 방식 · 166

사진 출처 · 168

찾아보기 · 169

1장 국민이 주인, 민주주의

민주주의 국가의 주인은 국민이에요.
조선 시대에는 나라의 주인이 왕이었고, 왕의 생각대로
나라를 이끌었지요. 그러나 민주주의 국가에서는
국민이 선거를 통해 나라의 대표를 뽑아요.
대표자는 국민의 뜻을 살피며 나랏일을 해 나가지요.
국민이라면 누구나 법에 따라 동등하게 보호받아야
진정한 민주주의 국가랍니다.

정치가 뭐예요?

정치의 뜻

우리는 좋든 싫든 한 나라의 국민으로 태어나 살아갑니다. 물론 국민으로서 이런저런 의무와 책임이 따르기는 하지만, 국가는 우리를 보호해 주는 든든한 바람막이가 되어 주지요.

그런데 사람들이 어울려 살다 보면 여러 갈등이 생기게 마련이에요. 겨우 서너 명뿐인 가정에서도 가족 구성원마다 생각이 다를 때가 있잖아요. 그러니 수백만, 수천만 명이 살아가는 국가는 말할 것도 없지요.

물론 모든 나라에는 저마다 오랫동안 이어져 내려온 도덕과 관습이 있어서 어지간한 다툼은 해결할 수 있었어요. 하지만 나라가 발전하고 인구가 늘어날수록 갈등도 점점 다양해졌지요. 나날이 복잡해지는 사회의 질서를 도덕과 관습만으로 지키기도 어려워졌고요.

또 여러 사람에게 영향을 미치는 큰 문제도 많아졌어요. 예를 들어 지구 온난화 등의 환경 문제 같은 것이지요. 어린이 여러분의 경우에는 교실 청소나 학급 도서 관리가 그런 문제예요. 많은 사람에게 영향을 미치는 중요한 사회 갈등을 슬기롭게 해결하는 것이 바로 정치예요.

좁은 의미의 정치는 국가를 다스리는 권력을 갖기 위해 하는 모든 활동을 말해요. 물론 그 권력을 유지하려고 경쟁하거나 서로 돕는 활동도 포함됩니다. '정치' 하면 흔히 떠올리는 대통령과 국회의원 등이 정책을 결정하고 추진하는 활동이 여기에 속해요.

넓은 의미의 정치는 사회생활을 하는 중에 사람들 사이에서 생기는 의견 차이나 서로 다른 이해관계를 해결해 주는 활동이에요. 정치를 넓게 보면 학급 회의나 마을 주민 회의도 정치에 포함된답니다.

어떤 사람들은 정치가 자신과 상관없다고 말해요. 하지만 누구나 정치의 영향을 받으며 살아갑니다. 나이 어린 여러분도 마찬가지예요. 여러분이 학교에서 배우는 과목과 그 내용도 모두 정치의 결과로 정해진 것이에요. 이처럼 정치는 우리 생활 가까이에 있기 때문에 우리 모두는 항상 정치에 관심을 갖고 참여해야 해요.

민주주의가 뭐예요?

민주주의란 모든 국민이 나라의 주인으로서 권리를 갖고, 그 권리를 자유롭고 평등하게 행사하는 정치 방식을 말해요.

민주주의 국가는 국민이 정치에 참여할 수 있어요. 선거에서는 두 개 이상의 정당에서 후보들을 내세울 수 있고, 국민은 자유롭게 자신의 대표자를 선택할 수 있어요. 또 국민이라면 누구나 기회를 균등하게 갖고 자유롭게 말하며 글을 쓸 수 있어야 합니다. 아울러 국민이 자유롭게 정부가 하는 일을 비판할 수 있어야 하지요.

이러한 자유와 권리를 법으로 보장하고, 국민 모두가 평등하게 법의 보호를 받아야 해요. 이처럼 민주주의를 실천하는 정치를 '민주 정치'라고 해요.

민주주의 국가에서는 국민 한 사람 한 사람이 나라의 주인이라는 생각을 갖고 민주 정치가 이루어지도록 노력해야 해요. 차별 없이 모든 사람을 존중하고, 내 것처럼 다른 사람의 자유와 권리를 인정하며, 저마다의 책임과 의무를 성실하게 행해야 하지요.

지금은 세계 대부분의 나라가 민주 정치를 하고 있어요. 하지만 민주주의가 보편적인 정치 방식으로 자리 잡은 것은 그리 오래된 일이 아니랍니다. 민주주의 정신을 실현할 수 있도록 많은 사람이 오랫동안 노력한 결과이지요.

※ 그림 중에서 참다운 민주주의의 모습이 아닌 것을 고르세요.

① 차례를 지켜 투표를 해요.
② 자유롭게 토론하고 협상을 해요.
③ 가난한 사람도 공정한 재판을 받을 수 있어요.
④ 군인이 선량한 시민을 괴롭혀요.

"정답은 4번이야 4번!"
"쉽다, 쉬워!"
"아니야, 2번이 정답이야."

㉠: 답정

민주주의의 시작은 고대 그리스

최초의 민주주의는 고대 그리스의 도시 국가인 아테네에서 비롯되었어요.
정치 참여권을 지닌 아테네 시민은 토론을 하고, 직접 정책 결정을 함께했어요. 하지만 여성이나 노예, 다른 곳에서 이주한 그리스 사람은 투표할 수 없는 불완전한 민주주의였지요. 하지만 오늘날 민주주의의 기반을 제공했다는 점에서는 의미가 커요.

민주주의가 시작된 아테네의 아고라

공산주의의 뜻

민주주의의 반대는 공산주의인가요?

흔히들 민주주의의 반대는 공산주의라고 알고 있지요. 그런데 그렇지 않아요. 민주주의와 대립되는 정치 방식은 권력이 일부에게만 있는 독재 체제라고 할 수 있어요. 독재 체제 아래에서는 사람들의 자유와 평등이 지켜질 수 없기 때문이에요.

사람들이 공산주의가 민주주의의 반대라고 여기는 것은, 아마도 대부분의 공산주의 국가에서 독재자가 권력을 함부로 휘두르며 나라를 다스렸기 때문일 거예요.

본래 공산주의란 모든 국민이 평등하게 나눠 갖는 것에 목표를 둔 경제 체제라고 할 수 있어요. 그래서 개인이 재산을 모으는 것을 금지하고, 생산되는 이익을 모든 국민이 골고루 나누려고 했답니다. 물론 이것도 제대로 실현되지 못했지만요. 공산주의 국가는 모든 사람이 재산을 골고루 나누어 갖는 것에만 지나치게 집착한 나머지, 개인의 자유와 권리를 무시했어요.

공산주의 사상을 창시한 마르크스

사실 공산주의의 반대는 자본주의예요. 자본주의는 자신의 능력에 따라 재산을 모으고 쓸 수 있는 자유를 중요하게 생각하지요. 그래서 자본주의 사회에서는 자신의 능력을 최대한 발휘하여 큰 부자가 되기도 하고, 반대로 평생 가난할 수도 있어요.

우리나라를 비롯해 미국, 영국 등 세계 여러 나라가 자본주의를 채택하고 있어요. 반면 북한과 같은 공산주의 국가는 점점 줄어들고 있어요. 대표적인 공산주의 국가였던 러시아나 중국도 자본주의 제도를 많이 받아들였지요. 이들은 경제 체제를 자본주의로 변화시키는 과정에서 국민에게 예전보다 많은 자유와 권리를 허용하고 있어요.

그러니까 '공산주의와 자본주의'는 한 나라의 경제를 어떻게 운용하는가에 따른 구분이고, '민주주의와 독재 체제'는 그 나라가 어떻게 정치를 하고 있는가에 따른 구분이라고 할 수 있습니다.

민주주의의 진정한 가치가 뭐예요?

민주주의는 인간이라면 누구나 존엄하며 모두 자유롭고 평등해야 한다는 생각을 기초로 하고 있어요. 즉 민주주의 국가에서 실현하고자 하는 가치는 인간 존엄성·자유·평등이라고 할 수 있지요.

민주주의의 가치 중에서도 가장 중요한 건 '인간 존엄성'입니다. 인간 존엄성은 모든 사람은 태어날 때부터 더할 나위 없이 소중하고 존엄하다는 생각이에요. 인간 존엄성은 민주주의가 추구하는 최고의 가치예요. 민주주의에서 자유와 평등을 보장하는 것도 인간 존엄성을 지키기 위해서랍니다.

'자유'란 자기 뜻대로 결정하고 행동하는 거예요. 아주 간단히 말하면, 자신이 하고 싶은 것을 하는 것이 자유이지요. 공동의 문제에 관한 자신의 의견을 거리낌 없이 말하고, 선거에 참여하여 원하는 후보에 투표하는 것도 자유예요. 하지만 자유를 누릴 때 주의할 점이 있어요. 진정한 자유는 다른 사람에게 피해를 주지 않아야 하고, 자신의 행동에 책임을 질 수 있어야 한다는 것이지요.

'평등'은 모든 사람이 권리, 의무, 자격 등에서 차별받지 않는 것을 의미해요. 그렇다고 평등이 과정에 상관없이 결과까지 같아야 하는 것은 아니에요. 각자의 능력을 최대한 발휘할 수 있도록 개개인의 조건에 따라 배려해 준다는 뜻이지요.

민주 정치의 원리

민주 정치를 실현하는 방법이 있나요?

누구나 인간으로서 존중받고, 원하는 만큼 자유와 평등을 누리면 얼마나 좋을까요? 그렇지만 사람들이 모여 살다 보면 서로의 권리와 이익이 부딪칠 때가 있어요. 또 사람마다 자유와 평등 중 먼저라고 여기는 가치가 달라서 문제가 생기기도 하고, 자유와 평등을 실현하는 방법을 두고서도 의견 다툼이 생기지요. 물론 대화와 토론을 통해 타협에 이를 때도 있지만 의견 차이를 좁히지 못할 때가 많답니다.

현대 사회는 인구도 점점 많아지고 사람들의 권리 의식도 높아지면서 해결하기 어려운 갈등이 더 늘어났어요. 인구가 늘어나는 만큼 의견도 다양해지고, 권리 의식이 높아진 만큼 자신의 권리를 지키려는 생각도 강해지기 때문이에요. 그러나 모든 사람이 자기 입장에서 자유와 평등만을 내세우다 보면 나라는 발전할 수 없어요. 국가의 주인은 나뿐만이 아니라 국가를 이루는 모든 구성원이기 때문이에요.

따라서 민주주의 국가라도 모든 국민의 인간 존엄성, 자유와 평등을 실제로 이루어 내는 것은 쉬운 일이 아니에요. 누가 정치를 하더라도 인간 존엄성, 자유와 평등을 가장 큰 가치로 두고, 갈등을 공평하게 해결하도록 하려면 몇 가지 규범이 필요해요.

지금부터 올바른 정치를 실현하기 위해 필요한 원리에 대해 알아보겠습니다. 조금 어려운 말일지도 모르니 귀를 쫑긋 기울여 주세요!

민주 정치의 원리 1 **국민 주권**

우리나라의 헌법 제1조 제2항은 '대한민국의 주권은 국민에게 있고, 모든 권력은 국민으로부터 나온다.'예요. 주권은 국가의 의사를 최종적으로 결정하는 권력이에요. 즉 국민 주권이란 국가의 의사를 최종적으로 결정할 수 있는 힘이 국민에게 있다는 뜻이지요.

민주 정치의 원리 2 **국민 자치**

국민이 스스로 국가를 다스리는 것이 국민 자치입니다. 국민을 대신해 정치를 하는 대표자를 뽑는 것을 넘어 국민 투표, 지방 자치 제도 등을 통해 국민이 직접 정치에 참여하는 것이지요. 국민이 나라의 주인이라는 것을 실현하기 위해 반드시 필요한 원리랍니다.

민주 정치의 원리 3 **입헌 주의**

입헌주의는 나라에서 제정한 헌법에 따라 정치를 하는 것을 말합니다. 주권과 인간 존엄성, 자유와 평등 같은 국민의 기본적인 권리를 보장하고, 국민의 대표자가 개인적인 이익을 위해 권한을 함부로 쓰지 못하게 하려는 것이랍니다.

민주 정치의 원리 4 **권력 분립**

국가의 권력을 여러 개로 나누는 것을 말합니다. 혹시나 있을지 모르는 독재를 막기 위해서지요. 이에 따라 국가 권력은 법을 제정하는 입법부, 법을 집행하는 행정부, 그리고 법을 적용하는 사법부로 나뉩니다. 세 기관은 각자가 마음대로 행동하지 못하도록 서로 감시하고 견제하는 역할을 해요.

민주주의의 종류

모든 국민이 직접 정치에 참여할 수 있을까요?

국민 스스로 나라를 다스리는 국민 자치를 제대로 이루려면 모든 국민이 국가의 정책을 결정하고 운영하는 데 참여해야 해요. 이처럼 국민이 직접 나랏일에 참여하는 것을 '직접 민주주의'라고 합니다. 하지만 오늘날 직접 민주주의를 채택하고 있는 나라는 없어요. 모든 국민이 함께 모여서 토론하는 것 자체가 불가능하니까요.

그래서 대부분의 나라는 '대의 민주주의'를 채택하고 있어요. 대의 민주주의란, 국민의 대표를 뽑아서 그들이 나랏일을 꾸려 나가도록 하는 제도랍니다. 대통령이나 국회의원 등이 바로 국민의 대표로 뽑힌 사람들이에요. 대의 민주주의는 이처럼 국민이 스스로 뽑은 사람들을 통해 간접적으로 정치에 참여하는 것이죠. 하지만 대의 민주주의는 선거 말고는 국민이 정치에 참여하기 어렵고, 대표자가 국민의 뜻을 왜곡할 수 있다는 단점이 있어요.

이러한 단점을 해결하려고 나라마다 다양한 방법을 마련하고 있어요. 대표적인 게 지역 주민이 지방 정부와 의회를 구성하여 지역의 일을 스스로 결정하는 지방 자치 제도랍니다. 중요한 정책을 결정할 때는 국민 투표 제도, 국민이 직접 법안을 만들어 제안하는 국민 발안 제도, 선거로 뽑힌 대표자를 투표로 물러나게 하는 국민 소환 제도 같은 제도를 채택하고 있는 나라들도 일부 있어요.

정치 사건

민주주의 발전에 기여한 6월 민주 항쟁

전두환은 군사 정변으로 정권을 잡고, 대통령이 된 뒤 언론을 통제하고, 민주화를 요구하는 국민들을 탄압했다. 이에 1987년 6월 민주화 시위가 전국에서 일어났다. 국민들은 군사 독재를 끝내고 민주 헌법을 만들자고 요구했다. 결국 당시 대통령 후보였던 노태우가 국민의 요구를 받아들였다. 6월 민주 항쟁을 통해 국민들은 대통령을 직접 뽑을 수 있게 되었다. 그 결과 그동안 제한되었던 많은 자유를 얻었으며 정치 참여의 권리도 되찾았다.

6월 민주 항쟁에 참여하는 국민들

헌법만 있으면 민주주의 국가인가요?

민주주의는 헌법에 따라 정치가 이루어져야 합니다. 이처럼 법에 따라 나라를 다스리는 것을 '법치주의'라고 해요. 하지만 법치주의 나라라고 해서 모두 민주주의 국가는 아닙니다. 그 나라의 헌법이 무엇을 담고 있느냐에 따라서 민주 국가인지 독재 국가인지 판단해야 하지요.

실제로 민주주의 국가가 아닌 중국에도 헌법이 존재하고, 이에 따라 나라를 이끌어요. 중국의 헌법도 국민들에게 최소한의 권리를 보장하고 있어요. 하지만 아직도 중국에서는 많은 부분에서 국민의 자유가 제한되고 있어요. 이처럼 의회가 적법한 절차를 거쳐 법을 제정했다면 그 법의 목적이나 내용은 문제 삼을 수 없다는 것을 '형식적 법치주의'라고 해요. 독일의 히틀러가 통치하던 때의 법과 북한의 법이 형식적 법치주의에 해당하지요. 우리나라에서도 국민의 기본권을 제한할 수 있다는 내용이 들어 있는 유신 헌법이 제정된 적이 있어요.

이와 반대로 정의에 맞는 법을 정하고, 그 법에 따라 통치하는 것을 '실질적 법치주의'라고 해요. 실질적 법치주의는 법의 목적과 내용을 중요하게 생각하지요. 이 경우의 법은 국민의 기본권을 보장하고 있고, 법의 내용이 잘못됐다고 여겨지면 문제를 제기하고 고칠 수 있어요.

즉 헌법이 있어도 실질적 법치주의가 이루어져야 진정한 민주주의 국가예요. 물론 우리나라는 실질적 법치주의 원칙을 따르고 있지요.

정치 사건
형식적 법치주의의 상징, 뉘른베르크 법

1935년 9월 15일 독일 뉘른베르크의 나치당 집회에서 뉘른베르크 법이 통과되었다. 독일의 독재자 히틀러가 만든 이 법은 유대인의 독일 시민권을 박탈하고 유대인과 독일 시민의 결혼을 금지했다. 유대인의 투표권을 박탈했으며 공무원이 될 수 없도록 했다. 히틀러는 이 법을 근거로 유대인들을 수용소에 가두고 학살했다. 뉘른베르크 법은 형식적 법치주의의 위험성을 잘 보여 주는 대표적인 사례이다.

히틀러가 유대인에게 달게 했던 '다윗의 별' 배지

삼권 분립

삼권 분립이 무슨 뜻이에요?

민주 정치의 원리 중 하나는 국가의 권력을 나누는 것입니다. 우리나라에서는 입법부, 사법부, 행정부로 국가의 권력이 나뉩니다. 국가의 권력을 세 개로 나누었다고 해서 '삼권 분립'이라고 해요. 삼권 분립은 국가 권력이 어느 한 곳에 집중되어 생기는 독재 등의 문제를 막기 위한 것이에요. 권력이 한쪽에 치우치면 권력을 함부로 휘두르거나 국민의 권리와 자유를 해칠 수 있기 때문입니다.

그렇다면 입법부, 사법부, 행정부는 각각 어떤 역할을 하고, 서로 어떻게 견제하는지 알아보아요.

입법부는 다름 아닌 국회를 일컫는 말입니다. 국회에서 하는 주요 업무가 법을 만드는 일이기 때문에 붙여진 이름이에요. 또 입법부는 대통령과 정부가 하는 일을 감시하고, 대법원장 임명에 동의하거나 반대하는 방식으로 행정부와 사법부를 견제하지요.

사법부는 대법원, 고등법원, 지방법원을 비롯한 여러 법원 조직을 일컫는 말이에요. 법을 바탕으로 사회의 갈등을 심판하는 권한은 전적으로 사법부에 있어요. 그 밖에 입법부가 만든 법률과 행정부의 명령, 규칙 등을 위반하고 있지는 않은지를 판단하고 심판하지요.

행정부는 정부를 일컬어요. 대통령과 국무총리, 그리고 행정 각부의 장관 등으로 구성되어 있으며 나라의 살림을 맡지요. 입법부의 법률을 거부하거나 대법원장을 임명하는 권한을 통해 입법부와 사법부를 견제한답니다.

이처럼 세 기관이 서로 균형 있게 국가의 권력을 나눠 갖고 견제해야 민주주의가 완성되는 거예요.

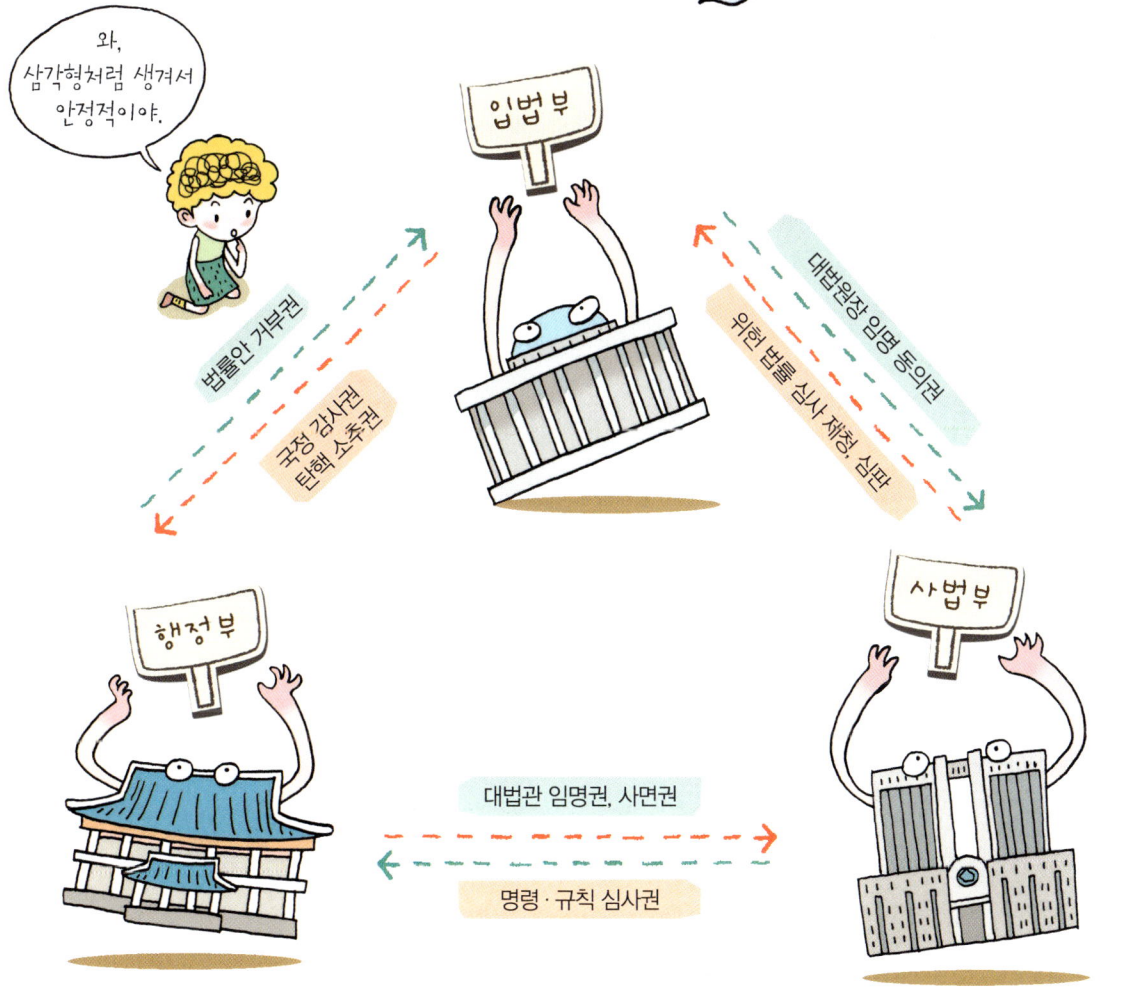

1장 국민이 주인, 민주주의 · 27

다수결의 원칙은 언제나 바람직한가요?

민주주의는 모든 사람이 동등한 입장에서 대화와 토론을 통해 갈등과 문제를 해결합니다. 하지만 앞서 살펴본 것처럼 많은 사람의 의견을 하나로 모으는 것은 쉬운 일이 아니에요.

그럴 때에는 많은 사람의 의견에 따르는 다수결의 원칙을 사용한답니다. 대통령과 국회의원 등을 뽑는 선거는 물론이고, 여러분이 학교에서 하는 반장 선거와 학급 회의의 의사 결정 과정도 다수결의 원칙에 따르지요.

다수결의 원칙은 쉽고 빠르게 문제를 해결할 수 있어요. 하지만 다수결의 원칙을 따르는 것이 늘 최선의 선택은 아니랍니다. 찬성한 사람이 더 많다는 것이 언제나 옳다고 할 수 없기 때문이에요.

종종 다수결의 원칙에서는 무엇이 옳고 그른가를 따지지 않아요. 그래서 더 많은 사람이 찬성했다는 이유로 잘못된 정책을 실시하거나 전쟁을 일으키기도 해요. 이럴 때 다수결의 원칙은 숫자만 따르는 단순한 민주주의 규칙이 되어 버릴 수도 있어요.

무엇보다 다수결의 원칙은 모든 사람의 생각과 바람을 담아 내지 못하는 문제가 있어요. 많은 사람이 원하는 바를 따르는 것이 민주적이라고 할 수 있어요. 그렇지만 다수결의 원칙은 민주주의에서 중요하게 여기는 개인의 의사를 존중해 주지 않는다는 단점이 있어요.

　45명의 구성원이 있는데 23명이 찬성, 22명이 반대하여 찬성으로 결정된 일이 있다고 생각해 볼까요? 단지 1표가 더 많다는 이유로 찬성이 전체의 의사라고 보기는 어렵겠지요? 45명 가운데 22명이 불만이라면 그 공동체는 잘 운영되지 못할 수 있어요.

　다수결의 원칙이 민주적인 의사 결정 방법으로 자리 잡으려면 충분한 대화와 토론을 거쳐야 해요. 이를 통해 몰랐던 사실도 알게 되고, 각 의견의 장단점을 깊이 생각할 수 있기 때문이에요.

　그리고 다수결의 원칙에 따라 결정된 의견이라도 그것을 반대했던 소수의 의견도 존중해야 합니다. 왜냐하면 많은 사람의 생각이 꼭 옳은 것이 아닐 수도 있고, 무엇보다 다양한 사람들의 생각을 존중하는 자세가 민주주의의 기본 정신이기 때문이지요.

민주주의를 잘 표현한 연설이 있다고요?

"국민의, 국민에 의한, 국민을 위한 정부는 이 세상에서 영원히 사라지지 않으리라는 것을 다짐해야 합니다."

1863년 미국의 대통령이던 링컨이 게티즈버그에서 한 말입니다.

남북 전쟁을 승리로 이끌며 흑인 노예를 해방시킨 링컨의 업적은 여러분 모두 잘 알고 있을 거예요. 링컨은 남북 전쟁 당시 많은 희생자를 낳은 게티즈버그에서 연설을 했어요.

이 연설은 대략 2~3분 정도로 짧았지만 역사상 가장 훌륭한 연설로 손꼽힌답니다. 특히 이 연설의 마지막 문장에 쓰인 '국민의, 국민에 의한, 국민을 위한 정부'라는 말은 민주주의를 가장 간결하면서도 알맞게 표현했다고 평가받고 있어요.

그렇다면 이 말에 담긴 의미는 무엇일까요?

'국민의'는 바로 국가의 주권은 국민에게 있고, 모든 권력은 국민으로부터 나온다는 의미예요. '국민에 의한'은 정치는 국민에 의해서 이루어져야 한다는 말이고요. 마지막으로 '국민을 위한'은 나라에서 이루어지는 모든 정치는 국민을 위한 것이어야 한다는 뜻이에요.

이처럼 '국민의, 국민에 의한, 국민을 위한'이라는 표현에는 민주주의의 정의와 이념, 원리가 모두 담겨 있어요. 그래서 민주주의의 기본 가치를 되새길 때마다 이 표현을 자주 사용한답니다. 여러분도 진정한 민주주의가 무엇인지 의문이 들 때 이 말을 떠올려 보세요!

"국민의, 국민에 의한, 국민을 위한 정부!"

미국의 제16대 대통령 링컨의 동상

정치 사건

절대 왕정을 무너뜨린 프랑스 혁명

1789년, 프랑스 시민들이 혁명을 일으켰다. 왕과 귀족, 성직자가 절대 권력을 갖는 체제에 불만을 터뜨린 것이다. 이들 특권층은 엄청난 부를 누리면서도 세금은 내지 않았다. 반면 시민들은 세금은 도맡아 내면서도 정치에는 참여할 수 없었다. 특히 혁명이 발생한 무렵에는 이에 대한 불만이 크게 높았다. 시민들은 정치범이 갇혀 있는 바스티유 감옥으로 쳐들어갔고, 이를 계기로 절대 왕정이 무너졌다.

프랑스 시민들이 바스티유 감옥으로 쳐들어가는 모습을 그린 그림

2장 민주주의의 꽃, 선거

민주주의를 위해서는 선거가 꼭 필요해.

선거는 민주주의의 꽃이에요. 민주주의를 실현하는 데 선거가 그만큼 중요하다는 뜻이에요. 국민들은 선거를 통해 자신의 생각을 나랏일에 반영할 수 있어요. 우리나라에서는 만 18세 이상의 국민이면 누구나 성별, 직업, 나이에 상관없이 선거에 참여할 수 있어요. 올바른 선거를 통해 참된 민주주의 국가를 만들어 가도록 노력해야 해요.

나도 선거권이 있을까?

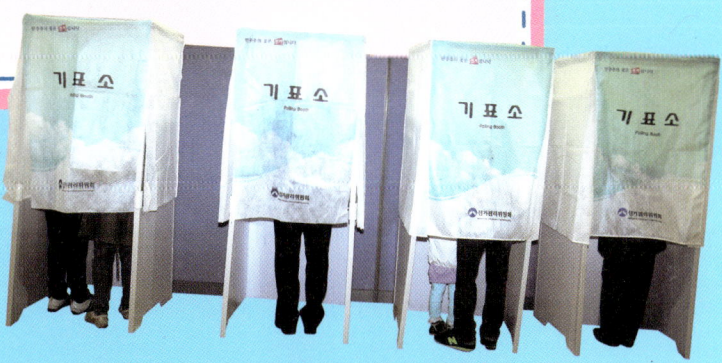

선거의 의미

왜 선거를 민주주의의 꽃이라고 하나요?

모든 국민이 직접 정치에 참여하여 나라의 정책을 결정하고 나라 살림을 운영하기는 어려워요. 그래서 오늘날 거의 대부분의 민주주의 국가에서는 국민이 선거로 뽑은 대표자가 국민을 대표해서 정책을 결정하고 나랏일을 하지요.

선거는 국민을 대표해서 나랏일을 맡아 할 사람을 투표로 뽑는 것이에요. 국민은 선거를 통해 대표자를 선출함으로써 자신의 의견을 정치에 반영시킬 수 있어요.

선거는 국민이 정치에 참여하는 가장 기본적인 방법이고, 국가의 주인으로서 권리를 행사하는 손쉬운 방법이에요. 그래서 선거를 '민주주의 꽃'이라고 해요.

하지만 선거만으로는 참된 민주주의를 실현할 수 없어요. 선거로 뽑힌 대표자는 나랏일에 국민의 의견이 반영되도록 노력을 기울이고, 국민들은 대표자가 나랏일을 제대로 해 나가는지 계속해서 관심을 갖고 지켜보아야 해요.

만약 국민 누구에게나 자유로운 선택의 기회가 주어지지 않거나 선거에 나선 후보자 사이의 경쟁이 불공정하다면, 진정한 민주주의 국가라고 할 수 없어요. 따라서 자유롭고 평등하며 공정한 선거가 이뤄지도록 노력을 기울여야 해요.

회장 선거를 통해 민주주의를 경험하는 어린이들

국민이 정치에 참여하는 기본적인 방법인 선거

선거는 몇 살부터 할 수 있나요?

몇 살이 되어야 선거를 할 수 있는지 궁금하지요? 선거권은 대통령과 국회의원 등을 뽑는 선거에 참여할 수 있는 국민의 권리랍니다.

현재 우리나라는 '만 18세 이상'부터 선거권이 주어집니다. 예전에는 만 20세 이상의 어른에게만 투표를 할 수 있는 권리가 주어졌어요. 적어도 만 20세가 되어야 국민의 대표를 뽑을 수 있는 판단력을 지닌다고 보았기 때문이에요.

그러나 2005년에 선거법을 개정하면서 선거에 참여할 수 있는 나이를 만 19세로 낮추었어요. 그리고 지난 2019년 12월 선거법 개정으로 다시 한번 선거에 참여할 수 있는 나이를 만 18세로 낮추었지요. 외국의 법률 사례를 검토하고 청소년의 교육 수준이 점점 높아지는 것을 고려할 때, 선거권이 주어지는 나이를 낮춰야 한다는 주장이 설득력을 얻은 것이에요.

아직도 바레인, 카메룬, 나우루, 대만과 같은 나라는 만 20세, 싱가포르, 쿠웨이트, 레바논 등의 나라에서는 만 21세가 되어야 선거권이 주어져요. 하지만 미국, 독일, 영국, 중국, 일본, 인도, 멕시코 등 전 세계의 93%는 만 18세 이상에게 선거권을 주고 있어요.

보통 선거

만 18세가 되면 누구나 투표를 할 수 있나요?

우리나라는 만 18세가 되면 누구에게나 선거권이 주어진다고 했지요? 물론 남자인지 여자인지 차별하지 않아요. 어떤 종교를 믿든, 혹은 종교가 없어도 차별하지 않고요. 재산이 얼마나 있든, 교육을 얼마나 받았든, 피부 색깔이 어떻든 상관없이 만 18세가 되면 누구나 선거에 참여할 수 있는 권리가 법으로 보장되어 있지요. 이것이 바로 민주주의 국가에서 실시하는 선거의 네 가지 기본 원칙 가운데 하나인 '보통 선거'예요.

너무나 당연한 말 아니냐고요? 그렇지 않아요. 민주 정치가 먼저 시작된 유럽에서도 처음에는 모든 사람에게 선거권을 주지 않았어요. 선거를 할 수 있는 사람은 재산이 많은 백인 남자뿐이었지요.

보통 선거의 원칙이 세계적으로 뿌리를 내린 것은 제2차 세계 대전이 끝나고 나서였어요. 특히 여성에게 선거권이 주어진 것은 미국이 1920년, 영국이 1928년, 일본이 1945년, 프랑스가 1944년부터였지요. 지금으로부터 채 100년이 되지 않은 일이에요.

민주주의가 발달한 영국에서도 여성이 선거권을 얻는 일은 매우 힘든 일이었어요. 1913년 에밀리 데이비슨이라는 여성이 경마 대회 도중 '여성에게 선거권을'이라는

데이비슨이 여성의 선거권을 요구한 사고 현장

말을 외치고 달리는 말에 뛰어들었어요. 이 사건을 계기로 영국에서 여성의 선거권이 점차 확대되었답니다. 1918년에 30세 이상의 여성에게, 1928년에 21세 이상의 모든 여성에게 선거권이 주어지게 된 거지요.

우리나라는 1948년 5·10 총선거 때부터 보통 선거를 실시했어요. 우리나라 최초의 선거였는데, 첫 선거부터 모든 성인이 선거권을 갖는 것은 매우 특별한 일이었어요. 그때부터 지금까지 우리나라에서 실시하는 모든 선거는 보통 선거의 원칙을 지키고 있어요.

흑인 차별 금지를 이끌어 낸 흑인 참정권 운동

정치 사건

남북 전쟁으로 노예 제도가 폐지된 뒤에도 미국에서는 흑인에 대한 차별은 심각했다. 흑인 남성에게 선거권은 주어졌으나 투표를 막기 위해 갖가지 차별적인 정책이 실시됐다. 게다가 흑인과 백인은 버스 안에서도 함께 앉을 수 없었다. 이에 마틴 루터 킹 목사는 흑백 분리법에 반대하여 인종 차별 폐지와 흑인 시민권 획득을 위해 투쟁한 끝에 1964년과 1965년에 각각 민권법과 투표 권리법을 통과시킬 수 있었다. 그로부터 40년 만에 미국에서는 최초의 흑인 대통령 오바마가 당선되었다.

흑인 인권 운동가인 마틴 루터 킹 목사

똑똑한 사람은 투표를 두 번 하나요?

옛날에는 선거를 할 때 여러모로 사람들을 차별했어요. 재산이 많거나 사회적 지위가 높은 사람에게는 두 표 이상의 투표권을 주는 '복수 투표제'를 실시하기도 했어요. 재산이나 신분에 따라 선거인을 몇 등급으로 나눈 다음, 같은 수의 의원을 뽑는 '등급별 선거제'도 있었답니다.

등급별 선거제를 얼핏 보면 차별이 없어 보여요. 하지만 그렇지 않아요. 적은 수의 상류층과 많은 수의 일반 국민이 서로 똑같은 수의 의원을 뽑게 되므로, 결국 상류층에게 몇 배의 선거권을 주는 것과 마찬가지죠. 예를 들어 백 명의 상류층과 만 명의 일반 국민이 똑같이 다섯 명의 의원을 뽑는다면, 상류층에게 100배의 선거권을 주는 셈이에요. 등급별 선거제는 선거 결과에 상류층의 의견이 더 크게 영향을 미치도록 한 거예요.

그러나 오늘날에는 누구에게나 공평하게 한 표씩 선거권을 준답니다. 이것을 '평등 선거'라고 해요. 보통 선거처럼 민주주의 국가에서 실시하는 선거의 네 가지 원칙 가운데 하나지요. 진정한 평등 선거를 이루려면 대표를 뽑는 지역 단위인 선거구도 신중하게 정해야 해요. 선거구에 따라 선거 결과가 달라질 수 있기 때문이에요.

평등 선거는 얼핏 보통 선거와 비슷한 것 같지만 달라요. 보통 선거는 선거권을 주는 자격을 제한하지 않는 원칙이고, 평등 선거는 어떤 사람의 선거권이든 선거 결과에 기여하는 힘이 똑같아야 한다는 원칙이지요.

예를 들어 어떤 학급에서 반장 선거를 할 때, 그 학급의 학생이라면 누구나 선거에 참여할 수 있는 것은 보통 선거예요. 공부를 잘하든 못하든 누구나 한 표씩 투표하는 것은 평등 선거이고요. 한마디로 평등 선거는 모든 국민이 똑같은 가치의 선거권을 갖는 걸 말해요.

난 박사 학위도 있고, 재산도 많은데…….

선거권을 두 표는 줘야 되는 거 아냐?

그렇잖아?

잘난 사람은 대우를 해 줘야 평등한 거지.

?

평등 선거가 뭔지도 모르는 사람이

잘난 사람이냐?

퍽

와지끈

웡 웡

흠, 누구에게나 한 표씩 선거권을 주는 것, 그게 정답이죠.

줄줄줄

ㅋㅋ

2장 민주주의의 꽃, 선거 · 43

직접 선거

다른 사람이 대신 투표해도 되나요?

결론부터 말하자면, 절대 그럴 수 없답니다. 투표는 선거권을 가진 사람이 지정된 투표소에 직접 가서 해야 돼요. 자식이라도 부모님 대신 투표할 수 없고, 부모님도 절대로 자식 대신 투표할 수 없어요. 친구가 멀리 여행이나 일을 보러 갔다고 대신 투표를 해 줄 수도 없고요.

선거 날, 어떤 경우든 다른 사람이 대신 투표를 해 주는 것은 절대 안 돼요. 이것이 민주주의 국가에서 실시하는 선거의 네 가지 원칙 가운데 하나인 '직접 선거'랍니다.

직접 선거는 선거권을 가진 사람이 직접 대통령이나 의원에게 투표하는 제도예요. 즉 유권자 본인이 직접 투표해야지 다른 사람이 대신 투표할 수 없다는 것이지요.

그런데 유권자 본인이 직접 후보자를 뽑는 직접 선거와 혼동되는 선거 제도가 있어요. 대통령 직접 선거 제도와 대통령 간접 선거 제도예요. 보통 대통령 직선제, 대통령 간선제라고 줄여서 불러요.

대통령 직접 선거 제도는 우리나라처럼 유권자가 대통령 후보자에게 직접 투표하는 제도예요. 이에 비해 대통령 간접 선거 제도는 미국처럼 유권자가 대통령을 선출할 사람을 뽑기 위해 투표하는 제도예요. 다시 말해 선거권을 가진 사람과 선거에 출마한 사람 사이에 또 다른 선거인을 두는 거예요.

> 투표하러 왔는데요.

> 주민등록증이나 운전면허증, 여권 좀 보여 주세요.

본인 확인 하세요!

투표소

> 아이고, 몸이 이 모양이라 이번 선거에 투표를 하러 가지도 못하겠구나. 소중한 한 표를 위해서는 꼭 가야 하는데……

쿨럭

> 그래서 우리 아빠 대신에 제가 투표를 해도 될까요?

> 그건 직접 선거에 어긋나는 일이라 안 된단다.

정치 사건

3·15 부정 선거 때문에 일어난 4·19 혁명

1960년 3월 15일, 이승만 대통령과 자유당은 선거에서 이기기 위해 부정 선거를 했다. 대리로 투표하거나 투표함을 바꿔치기 해서 자신들에게 유리하도록 투표 내용을 조작했다. 개표 과정에서도 득표 수를 조작해 발표하는 등 부정 선거가 저질러졌다.

그러자 4월 19일 학생들을 중심으로 선거 무효 시위가 일어났다. 정부는 무력으로 막았지만 시위는 점점 확대됐다. 결국 이승만이 대통령에서 물러나고 새로운 민주 정부가 수립되는 계기가 되었다.

3·15 선거의 투표함

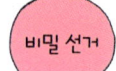

비밀 선거

누구를 찍었는지 물어봐도 되나요?

투표를 마친 사람은 자신이 원하지 않는 한 누구를 선택했는지 말하지 않을 권리가 있어요. 선거 결과가 밝혀진 뒤에도 어떤 사람이 누구를 지지했는지는 절대 공개되지 않지요. 투표용지를 보고 그것이 누구 것인지 알 수도 없고요.

민주주의 국가에서 실시하는 선거의 네 가지 원칙 가운데 남은 하나가 바로 '비밀 선거'예요. 비밀 선거는 한마디로 투표를 한 사람이 어느 후보를 지지했는지 알 수 없게 하는 제도랍니다.

만약 누구에게 투표했는지 다른 사람이 쉽게 알 수 있다면 선거 결과에 따라 불이익을 당할까 봐 걱정하거나 다른 사람의 의견을 살피며 이런저런 눈치를 보기 십상일 거예요. 그래서 오로지 자기 뜻에 따라 자유롭게 투표를 할 수 있도록 비밀 선거를 보장하는 것이지요.

비밀 선거와 반대되는 것으로 '공개 선거'가 있답니다. 공개 선거는 선거하는 사람의 투표 내용을 드러내는 것을 말해요. 투표용지에 이름을 적는 방법이나 반장 선거를 할 때 손을 들어 결정하는 것도 일종의 공개 선거라고 할 수 있어요.

물론 공개 선거는 투표하는 사람에게 책임감 있는 투표를 이끌어 낸다는 장점이 있기는 해요. 하지만 자신의 뜻에 따른 자유로운 선거를 방해하기 때문에 단점이 훨씬 많아요.

북한의 공개 선거

북한에서도 선거는 치러요. 다만 정당이 조선노동당 하나뿐이기 때문에 찬성이냐 반대냐를 가리지요. 투표 방법은 조금씩 바뀌었지만 공개 투표의 원칙은 변하지 않았어요. 자유로운 선택을 할 수 없기 때문에 대부분의 선거가 90% 이상의 투표율에 100%의 찬성으로 결정된답니다. 공개 선거의 나쁜 사례라고 볼 수 있지요.

북한의 투표용지

사전투표와 재외 투표

아프거나 외국에 살면 투표를 할 수 없나요?

물론 할 수 있어요. 만 18세 이상인데, 오랫동안 병원에 입원해 있거나 군대에 간 사람들은 당연히 투표를 할 자격이 있어요. 만약 입원 환자나 군인들을 전부 빼고 선거를 치른다면 선거에 국민의 의견을 제대로 반영한다고 보기 어렵겠죠. 그것은 민주주의 국가의 선거 원칙에 어긋나는 일이에요.

이처럼 오랫동안 집을 떠나 있어서 자기가 사는 곳에서 투표를 하지 못하는 사람들을 위해 만든 제도가 '사전투표'예요. 어떤 이유로든 집을 떠나 생활하는 사람이 굳이 주소지의 투표소로 가지 않아도 선거에 참여할 수 있는 방법이지요. 사전투표는 선거일 전 5일부터 2일간 오전 6시부터 오후 6시까지 진행돼요. 별도의 신고 없이 사전투표를 원하는 선거인은 누구나 신분증만 있으면 자신의 주소지와 상관없이 전국에 설치되어 있는 사전투표소 어디서나 투표할 수 있어요.

그럼, 선거일에 외국에 여행 중이거나 유학생, 또 외국에 살고 있는 우리나라 국민들은 선거를 어떻게 할까요? 사전에 중앙선거관리위원회에 신고, 신청하면 외국에서도 투표할 수 있어요.

사전에 신고한 사람들은 정해진 투표 기간에 본인을 확인할 수 있는 신분증을 가지고 해외 공관이나 대체 시설에 설치된 기표소에서 투표할 수 있어요.

누가 선거를 관리하고 감독하나요?

민주주의 국가에서 자유롭고 공정한 선거는 아주 중요해요. 그래서 우리나라는 선거를 자유롭고 공정하게 관리하는 '선거관리위원회'를 두고 있어요. 1962년에 선거관리위원회의 설립이 결정되어, 이듬해에 관련 법률이 마련되었어요. 아울러 각 지역의 선거관리위원회를 지휘하고 감독하는 '중앙선거관리위원회'도 그 무렵 만들어졌지요.

선거관리위원회는 나라의 모든 선거를 관리하면서 선거가 공정하고 깨끗하게 치러지도록 위법 행위를 예방하고 단속하는 일을 해요. 이 밖에 정당이나 정치 자금과 관련된 업무를 담당하고, 국민에게 민주 정치 교육도 하지요. 또 선거 제도와 투표 시스템에 대해 꾸준히 연구해요.

요즘은 거의 사라졌지만, 옛날에는 선거 때마다 온갖 부끄러운 일이 벌어졌어요. 후보자가 자신에게 투표를 해 달라며 밥을 사 주고, 관광을 보내 주고, 돈까지 주었어요. 밤낮 없이 시끄럽게 선거 유세를 하고, 상대방 후보를 마구 헐뜯었죠.

사람들은 좋은 공약이나 뛰어난 능력이 아니라 고향이나 출신 학교 등을 보고 후보를 지지했어요. 불법 선거를 감시하고, 올바른 민주주의 의식을 가르치는 곳이 마땅히 없었기 때문이에요.

이제는 선거관리위원회가 제 역할을 다하고, 민주주의 의식이 높아지면서 공정한 선거가 자리를 잡아가고 있답니다.

국민들이 알아야 하는 선거법

❶ 만 18세 미만의 미성년자와 외국인처럼 선거권이 없는 사람과 공무원은 선거 운동을 할 수 없어요!

❷ 어른이라도 선거관리위원회에 신고한 선거 사무 관계자가 아니라면 선거 운동을 하고 돈을 받으면 안 돼요!

❸ 후보자에게 돈, 선물, 음식 대접을 받으면 안 돼요! 만약 받았다면 그 금액의 10~50배의 벌금을 내야 해요.

중앙선거관리위원회 캐릭터

어떻게 선거를 치르나요?

선거를 하려면 구청장·시장·군수는 우선 지역에 살고 있는 사람들을 조사하여 선거인 명부를 작성해야 해요. 선거일을 기준으로 만 18세 이상이 되는 주민을 조사하는 과정이지요. 쉽게 말해 주민 중에 선거권이 있는 사람의 수를 파악하고 명단을 만드는 거예요. 선거인 명부에 이름이 없으면 투표를 할 수 없답니다.

그다음은 선거에 입후보하고자 하는 사람들이 선거관리위원회에 등록을 해야 해요. 후보자 등록은 반드시 정해진 기간 안에 이루어져야 해요. 후보자 등록을 마친 사람은 입후보할 수 있는 자격이 있는지 검증을 받아요. 그 과정을 무리 없이 통과하면 후보가 될 수 있답니다. 이렇게 해서 선거에 출마한 후보를 '피선거권자'라고 하고, 선거권을 가진 사람들을 '선거권자'라고 해요.

후보가 되면 후보자들은 법에서 정한 기간 동안 선거 운동을 해요. 이 시기에 후보들은 각종 공약을 내세웁니다. 사람들은 후보의 신상 정보와 경력, 공약을 살펴보며 어떤 후보가 자신들을 위해 일을 가장 잘할 수 있을지 판단을 해요. 그리고 선거하는 날 그 사람에게 투표를 하지요.

투표 시간이 마감되면, 개표장으로 투표함을 옮겨 개표를 시작해요. 개표 결과 가장 많은 표를 얻은 후보자가 당선이 됩니다. 당선자는 당선증을 발급받고, 임기 동안 국민을 위해 맡은 일을 하지요.

공직 선거

대통령과 국회의원만 선거로 뽑나요?

아니에요. 그렇지만 우리나라에서 가장 중요한 선거는 국가 원수를 뽑는 대통령 선거와 나라의 법을 만들고 국회를 구성하는 국회의원 선거예요. 이 밖에 지방의 살림을 꾸리는 지방 자치 단체의 단체장과 지방 자치 법규를 제정하고 지방 자치 단체를 감시하는 지방 의회 의원, 교육 정책을 책임지는 교육감을 선거로 뽑아요.

이들을 선거로 뽑는 이유는 나랏일에 국민의 뜻을 반영시키기 위해서예요. 선거에 출마한 후보 중에서 자신과 가장 비슷한 생각을 가진 후보자를 뽑아서 나랏일을 그렇게 운영하도록 하는 것이지요.

따라서 투표를 할 때는 후보자가 내놓은 공약과 후보자의 도덕성과 능력 등을 잘 살펴보아야 해요. 후보자가 내놓은 정책이 실현 가능한 것인

후보자의 공약과 생각을 들을 수 있는 선거 토론회

지, 정책을 지키기 위한 구체적인 계획과 의지가 있는지 꼼꼼히 따져 보아야 해요. 정당과 후보자는 선거에서 이기려고 지킬 수 없는 공약을 내놓기도 하거든요.

만약 능력이 부족하고 도덕적이지 않은 사람을 대표자로 뽑으면 나라가 어떻게 될까요? 정책을 제대로 수행하지 못하거나 대표자 자신의 이익을 위해서 나라 살림을 마음대로 운영할 거예요. 그렇게 되면 국민들은 살기 어려워지고 나라 전체가 혼란에 빠지겠죠. 이처럼 선거는 나라의 발전뿐만 아니라 내 삶에도 직접 영향을 미칠 만큼 중요해요.

그런데 요즘 우리나라는 투표율이 낮은 편이에요. 정치인을 믿지 못하고 누가 정치를 하든 똑같다고 생각하거나 정치에 무관심한 사람이 늘어난 때문이에요. 하지만 국민이 정치에 관심을 갖고 투표에 적극적으로 참여해야 정치인이 국민을 함부로 여기지 못한답니다.

공정하고 성숙한 선거 문화, 매니페스토 운동

매니페스토 운동은 선거를 할 때 공약을 보고, 후보자를 평가하자는 운동이에요. 정당과 후보자가 내놓은 공약을 꼼꼼히 검토해서 현실에서 제대로 실현할 수 있을지 판단하는 거예요. 매니페스토가 널리 자리를 잡으면 공정하고 성숙한 선거 문화가 만들어질 뿐만 아니라 좋은 정책이 더 많이 만들어지겠지요.

매니페스토 운동 기자 회견

어떤 기준으로 선거구를 나누나요?

선거구란 대통령이나 국회의원 등 국민의 대표를 뽑기 위해 선거가 실시되는 하나의 단위가 되는 지역을 말해요. 물론 선거에 따라 선거구의 규모도 다르고 선거인의 수도 다르지요. 우리나라는 대통령 선거 때는 선거구가 하나지만 국회의원 선거에서는 인구, 행정 구역, 교통 등의 조건을 고려하여 선거구를 나누어요.

그럼 선거구 제도에 대해 자세히 알아볼까요? 먼저 '소선거구제'는 선거구를 작게 나누어 한 선거구에서 대표자를 한 명씩만 뽑는 거예요. 소선거구제는 선거인이 후보자에 대해 잘 알아보고 나서 투표할 수 있고, 선거 비용이 적게 든다는 장점이 있어요. 하지만 조직을 잘 갖춘 거대 정당에 유리하다는 단점이 있지요.

'중·대선거구제'는 한 선거구에서 2명 이상의 대표자를 뽑는 거예요. 여러 명을 뽑다 보면, 그 지역에 기반을 두지 않은 당선자도 있기 때문에 지역감정을 해소할 수 있는 장점이 있어요. 하지만 대표자들의 의견을 하나로 모으기 어렵고, 선거 비용이 많이 든다는 단점이 있어요.

하지만 중·대선거구제라고 해서 전체 대표자의 수가 많아지는 것은 아니에요. 예를 들어 선거구 100개에서 1명씩 100명을 선출하면 소선거구제, 50개 선거구에서 2명씩 100명을 선출하면 중선거구제, 10개 선거구에서 10명씩 100명을 선출하면 대선거구제가 되는 거랍니다.

특정 정당에 유리하게 선거구를 나눈 게리맨더링

1812년 미국 매사추세츠 주의 주지사였던 엘브리지 게리는 자신이 속한 공화당에 유리하도록 선거구를 나누었어요. 그렇게 선거구를 나누고 보니 상상의 동물인 불도마뱀 모양이 되었어요. 사람들은 게리가 고친 선거구를 불도마뱀을 뜻하는 말 '샐러맨더(Salamander)'와 합쳐 '게리맨더'라며 비난했지요. 이후 특정 정당에 유리하게 선거구를 나누는 것을 게리맨더링이라고 부르게 되었답니다.

당시 선거구 모습을 빗댄 신문의 삽화

어떻게 투표가 끝나자마자 누가 당선될지 알지요?

투표가 끝나자마자 뉴스에서 당선될 가능성이 높은 후보자가 누구인지 발표할 수 있는 건 '출구 조사'를 하기 때문이에요. 출구 조사란, 투표소에서 투표를 마치고 나오는 사람들에게 설문지를 돌려 누구를 선택했는지 묻는 거예요. 출구 조사는 투표 시간이 끝나자마자 결과가 나오기 때문에 선거 결과를 가장 빠르게 예측할 수 있지요.

우리나라에서 출구 조사가 허용된 것은 지난 2000년 4월 13일에 치러진 국회의원 선거 때부터였어요. 우리나라 3대 방송국인 KBS, MBC, SBS가 모두 참여했지요. 출구 조사는 투표소로부터 50미터 이상 떨어진 곳에서 할 수 있어요.

물론 출구 조사 결과가 실제 선거 결과와 항상 일치하지는 않아요. 투표한 모든 사람에게 일일이 물어볼 수 없고, 가끔씩은 거짓으로 답하는 사람도 있기 때문이에요. 출구 조사의 정확도는 조사에 참여하는 사람들의 양심에 달려 있어요.

경쟁이 심하지 않은 선거구에서는 출구 조사 결과가 대체로 잘 맞지만 경쟁이 치열한 선거구에서는 정확도가 떨어지는 편이에요.

투표 결과를 예측하는 출구 조사

정치 사건
여론 조사와 투표 결과가 다른 브래들리 효과

1982년 미국 캘리포니아 주지사 선거 때 있었던 일이다. 흑인 후보인 토머스 브래들리는 여론 조사와 출구 조사에서 앞서고 있었다. 하지만 막상 개표를 해 보니 브래들리가 패배했다. 여론 조사와 출구 조사에서 드러나지 않았던 인종 차별의 편견이 패배의 원인이었던 것이다. 그 뒤부터 선거 전 여론 조사에서는 지지율이 높았던 유색인 후보가 실제 선거에서는 득표율이 낮게 나오는 현상을 '브래들리 효과'라고 부르게 되었다.

브래들리 효과는 이후에도 유색인 후보와 백인 후보가 맞붙었던 선거에서 자주 나타났다. 1989년 버지니아 주지사 선거 여론 조사에서도 흑인인 더글러스 와일더 후보가 백인 후보를 큰 차이로 이기고 있었지만, 실제 선거에서는 간신히 이긴 것으로 나타났다. 2000년 이후에는 여론 조사 기법이 발전하면서 브래들리 효과가 두드러지지 않고 있다.

재선거와 보궐 선거는 어떻게 달라요?

재선거와 보궐 선거는 선거로 뽑은 대통령과 국회의원, 지방 자치 단체의 단체장과 지방의회 의원 등의 자리가 비었을 때 이들을 다시 뽑기 위해 실시하는 선거예요. 재선거나 보궐 선거 모두 선거를 다시 치른다는 점은 같지만, 그 내용은 많이 달라요.

'보궐 선거'는 선거법에 어긋나지 않게 당선된 국회의원이, 그 역할을 수행하고 있던 중에 죽거나 사퇴해서 또는 어떤 잘못을 저질러 새로운 사람을 뽑는 거예요. 이와 달리 '재선거'는 선거 자체에 문제가 있거나 당선자가 없을 때 다시 한 번 선거를 치르는 거지요.

재선거를 치르는 데는 여러 가지 이유가 있답니다. 우선 선거 운동을 하다가 잘못을 저질러 당선이 취소돼서 재선거를 치르는 경우가 있어요. 또 국회의원 임기가 시작되기 전에 당선자가 사망해도 재선거가 치러져요. 임기가 시작되기 전은 아직 공식적으로 국회의원이 된 것이 아니니까요. 선거 자체가 무효가 되어도 재선거를 하지요. 만약 투표 진행 과정이나 개표 과정에 문제가 발생하면, 선거를 다시 치를 수밖에 없어요. 잘못된 방식으로 치러진 선거 결과는 인정할 수 없기 때문이에요.

재선거와 보궐 선거는 빈자리가 생겼다고 아무 때나 실시하지는 않아요. 정기적으로 치르는 선거처럼 충분한 준비 기간을 거쳐 4월 중 첫 번째 수요일에 실시한답니다.

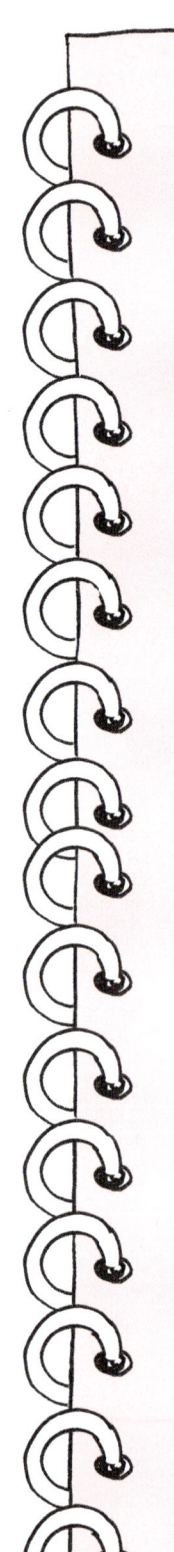

정치 지식 플러스

재미있는 여러 나라의 선거

세계 여러 나라의 선거 모습은 같은 듯하지만 조금씩 달라요.
모두 국민들이 선거에 최대한 많이 참여할 수 있는 방법을 찾기 때문이에요.
세계 여러 나라의 특별하고 신기한 선거 모습을 구경해 볼까요?

과일로 투표하는 케냐

케냐에는 글자를 모르는 사람들이 많아서 과일 모양으로 찬반을 표시하는 투표를 한 적이 있어요. 2005년 새 법안 투표에서 찬성은 바나나 그림에, 반대는 오렌지 그림에 표시를 했대요. 참, 재미나지요?

오렌지

손에 묻은 잉크로 투표 인증하는 필리핀

선거 날, 필리핀에서는 투표를 했는지 안 했는지 금세 알 수 있어요. 투표를 마치면 중복 투표를 막기 위해 손톱에 푸른색 잉크를 묻히기 때문이에요. 이 잉크는 지워지는 데 2~3일이 걸리기 때문에 투표를 여러 번 할 수 없지요.

투표가 의무인 오스트레일리아

오스트레일리아에서는 투표를 안 하면 약 5만 원가량의 벌금을 내요. 그 탓인지 투표율이 90%에서 95% 정도에 이르지요. 벌금을 부과하는 것은 더 많은 국민을 투표에 참여시켜 국민의 뜻을 나랏일에 반영하기 위해서예요.

이틀에 걸쳐 투표하는 이탈리아

이탈리아는 일요일 아침 6시부터 밤 10시까지, 그리고 다음 날인 월요일 오전 7시부터 오후 2시까지 이틀에 걸쳐 투표를 해요. 투표 시간이 무려 23시간이나 되지요. 더 많은 국민이 투표에 참여하게 하기 위해서예요.

후보자의 별명을 써도 되는 일본

일본에서는 투표자가 후보자와 정당 이름을 투표용지에 직접 적어요. 투표자의 의견만 알 수 있으면 글자가 틀리든 빼먹든 심지어 별명을 적어도 괜찮답니다.

세상에서 가장 예쁜 투표용지를 쓰는 이집트

이집트 투표용지는 후보자 이름 옆에 유권자가 알아볼 수 있게 그림이 있어요. 국민의 반이 글자를 몰라서 투표 용지에 예쁘게 그림을 그린 거지요. 알록달록한 투표용지를 보면, 투표를 더 하고 싶겠지요?

얼굴 옆에 예쁜 그림~

인터넷 투표를 최초로 한 에스토니아

에스토니아는 2005년 지방 선거에서 가장 선진화된 방식인 인터넷 투표를 세계 최초로 실시했어요. 또 2007년 총선에서는 스마트폰을 이용한 모바일 투표도 했답니다. 그래서 정보 기술(IT) 강국 에스토니아를 'E-stonia'라고도 불러요.

3장 대통령과 정부

정부는 법에 따라 나라의 살림을 꾸려 가는 곳이에요.
여러분과 같은 학생들에게 지식과 기술, 인성을 기르는
교육부터 사회 안전과 국방, 다른 나라와의 교류 등
수많은 나랏일을 하지요.
정부의 책임자는 대통령이에요. 국무총리와 행정 각부의
장관과 차관, 수많은 공무원이 대통령을 도와 나라
살림살이를 함께 꾸리고 있어요.

공무원은 대통령을 도와 나랏일을 꾸려 나가.

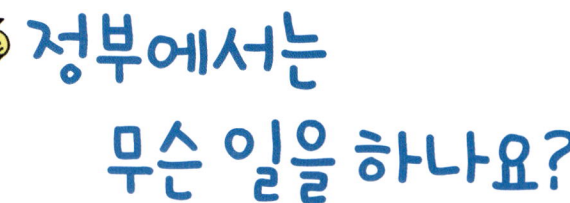

정부에서는 무슨 일을 하나요?

넓은 의미의 정부는 국회와 법원을 포함하여 나랏일을 맡아 하는 기관을 뜻해요. 그러나 흔히 말하는 정부는 행정부만을 뜻해요. 즉 정부는 국회에서 만든 법률에 따라 나라를 관리하고 운영하는 곳으로, 국민들이 행복한 삶을 누리도록 국민을 보호하고 도와야 해요. 국민들이 억울한 일을 당하거나 차별받지 않도록 보살펴야 하고, 갈등이 생기면 나서서 이를 조정해야 합니다. 또한 환경을 보호하기 위해 정책을 마련하고, 재해나 큰 사고가 생기면 구조에 나서야 합니다. 외국과 좋은 관계를 유지하고, 마찰이 생겼을 때는 문제를 해결해야 합니다.

이처럼 정부가 맡은 일은 복잡하고 다양해서 분야에 따라 '부'와 '처'를 나누어 일을 합니다. 예를 들어 경제 정책을 책임지고, 세금과 외환에 대한 정책을 세우는 일은 기획재정부에서, 다른 나라와 관련된 업무는 외교부에서, 국가 유공자와 제대 군인과 관련된 일은 국가보훈처에서 담당해요.

행정 각부에는 담당 업무를 책임지는 장관과 이를 보좌하는 차관이 있어요. 그 밖에 전문 지식을 갖춘 수많은 공무원이 일을 해요. 이 모든 공무원과 나라 살림을 책임지는 정부의 최고 책임자는 대통령이에요. 대통령은 나랏일의 최종 결정을 내리지요. 한마디로 정부는 대통령을 중심으로 법률에 따라 나라 살림을 맡아 하는 기관이에요.

정부의 조직이 궁금해요

정부 안에 어떤 조직이 있고, 무슨 일을 하는지 자세히 알아볼까요? 2024년 8월부터 정부는 아래 표처럼 19부 3처 20청으로 나뉘어요. 정부 조직은 대통령이 바뀔 때마다 조금씩 바뀐답니다.

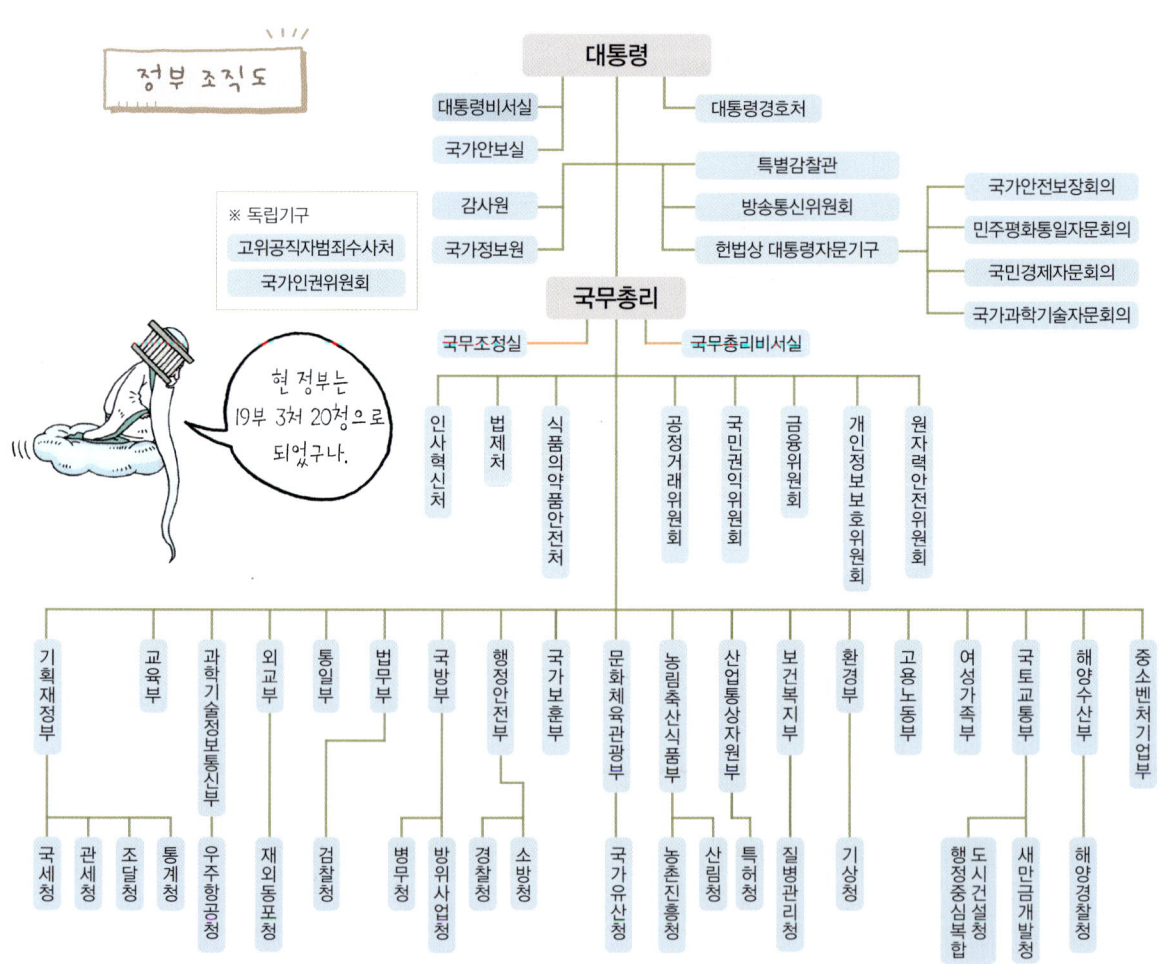

행정 각부에서 하는 일

① **기획재정부**: 나라의 경제 정책을 종합적으로 수립하고 조정하는 업무를 총괄

② **교육부**: 인적 자원 개발 정책, 학교 교육·평생 교육, 학술에 관한 사무와 연구 개발

③ **과학기술정보통신부**: 기초 과학 연구 개발, 과학 기술 인력 양성 등 과학 기술 분야의 발전을 총괄

④ **외교부**: 외교에 관한 총괄 조정, 국제 관계 업무에 관한 조약, 재외 국민의 보호·지원

⑤ **통일부**: 통일 및 남북 대화와 교류 협력에 관한 정책 수립

⑥ **법무부**: 검찰에 대한 지휘 감독, 형벌 집행, 출입국 관리, 기타 법무에 관한 업무

⑦ **국방부**: 국방에 관련된 군정 및 군령과 군사 사무에 관한 업무

⑧ **행정안전부**: 공무원의 인사 관리 및 복지, 정부 조직 및 지방 자치 단체 관리, 국가의 치안, 재난 관리와 예방

⑧ **국가보훈부**: 국가 유공자와 보훈가족에 대한 보상금 지급, 교육·취업·의료·대부 등의 보훈정책을 수립하고 지원하는 업무

⑩ **문화체육관광부**: 문화 예술, 방송, 출판, 체육, 청소년, 해외 문화 홍보 및 관광에 관한 업무

⑪ **농림축산식품부**: 식량, 농촌 개발, 농산물 유통 및 축산, 도시와 농어촌 연계 사업

⑫ **산업통상자원부**: 상업·무역·공업·통상, 산업기술 연구개발정책, 에너지·지하자원 등에 관한 사무

⑬ **보건복지부**: 아동·노인·장애인 복지, 공공 의료

⑭ **환경부**: 자연환경 및 생활 환경의 보전과 환경 오염 방지에 관한 업무

⑮ **고용노동부**: 노동 조건의 기준 설정, 직업 안정, 직업 훈련, 실업 대책, 고용 보험 업무

⑯ **여성가족부**: 여성의 인권 신장과 권리 보호, 여성 인력 개발, 성매매·성폭력 방지에 관한 업무

⑰ **국토교통부**: 국토 종합 개발 계획 수립, 국토의 보존 이용 및 개발

⑱ **해양수산부**: 해양 수산 정책의 수립 및 시행

⑲ **중소벤처기업부**: 중소·벤처 기업의 일자리 창출과 혁신 지원

행정 각부의 보고서, 《백서》

정부에서 한 일을 한눈에 살펴볼 수 있는 방법은 없을까요? 바로 《백서》를 보면 돼요. 백서는 행정 각부에서 한 일을 보고서 형태로 만든 책자예요. 경제에 대한 정부의 보고서는 《경제 백서》이고, 노동 문제에 관한 보고서는 《고용 노동 백서》이지요. 국방부에서 만든 《국방 백서》는 우리나라의 대표적인 《백서》예요. 요즘은 인터넷으로도 《백서》를 살펴볼 수 있지요.

백서는 영국 정부의 공식 보고서에서 비롯되었어요. 이 보고서의 표지가 흰색이기 때문에 한자로 희다는 뜻인 '백(白)' 자를 써서 《백서》라고 한 거예요.

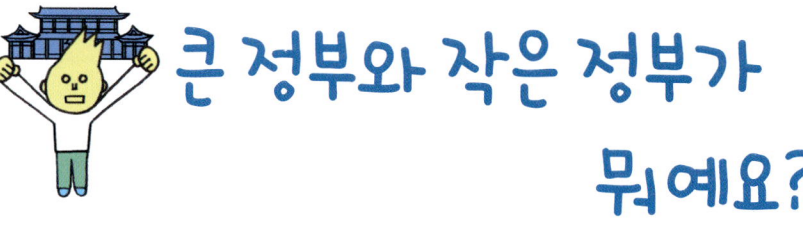

큰 정부와 작은 정부가 뭐예요?

정부는 성격에 따라 큰 정부와 작은 정부로 구분할 수 있어요.

'큰 정부'는 국민의 생활에 적극적으로 관여해요. 대체로 큰 정부는 국민의 삶의 질을 높이는 복지 정책에 힘을 기울이지요. 하지만 큰 정부는 국민의 삶에 간섭해서 개인의 자유를 제한한다는 단점이 있어요. 또 정부가 하는 일이 많아서 씀씀이가 늘어나기 때문에 국민들이 세금을 많이 내야 하지요.

'작은 정부'는 되도록 국민의 생활에 간섭하지 않고 최소한의 역할만 하고자 해요. 국민 개개인이 자유로운 삶을 누리는 것을 중요하게 여기지요. 그래서 개인의 권한을 존중해 주어요. 하지만 작은 정부에서는 가난이나 사회적 불평등 같은 사회적 문제도 개인의 문제로 보기 때문에 가난한 사람과 장애인, 노인, 어린아이 같은 사회적 약자는 제대로 보호받기가 어려워요. 또 돈이나 권력 등 힘 있는 사람들에 의해 불평등 문제가 생길 가능성이 높지요.

자본주의가 발달하고 사회가 복잡해지면서 정부의 역할도 점점 중요해지고 있어요. 정부가 하는 일이 많고 적음보다는 정부의 활동이 국민에게 미치는 영향에 대한 관심이 높아지고 있어요. 정부가 하는 일의 범위에 대한 의견은 다양하지만, 국민에게 자유와 평등, 복지를 함께 누리게 하는 것이 정부가 해야 할 역할이라는 생각은 똑같답니다.

정부와 지방 자치 제도

중앙 정부와 지방 정부가 달라요?

'중앙 정부'는 나라 전체의 살림을 맡아 하는 정부를 말해요. 넓은 의미로는 입법부, 사법부, 행정부를 모두 포함하는 한 나라의 통치 기구 전체를 가리키고, 좁은 의미로는 내각 또는 행정부 및 그에 속하는 행정 기구만을 가리키지요.

'지방 정부'는 한 지역의 살림을 맡아 하는 정부를 말해요. 특별시·광역시·도·시·군 등과 같이 일정한 지역에서 그 지역의 행정 업무를 맡아서 처리하지요.

우리나라에서는 중앙 정부처럼 지방 정부의 책임자도 주민들의 선거로 선출해요. 이처럼 주민이 직접 뽑은 대표자와 지역 주민이 함께 지역의 발전을 위해 일하는 정치 방식을 '지방 자치 제도'라고 해요.

수업 시간 좀 줄여 달라고 지방 정부에 건의해야지!

으이구!

주민 대표가 참여하는 지역 사업 회의

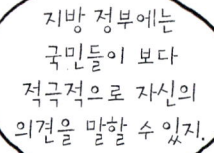

지방 정부에는 국민들이 보다 적극적으로 자신의 의견을 말할 수 있지.

중앙 정부가 있는데도 지방 자치 제도를 실시하는 까닭은 지역의 특성과 지역 주민의 요구에 맞게 지역 살림을 할 수 있기 때문이지요. 중앙 정부에서는 국가의 전반적인 발전과 전체 국민의 행복을 위해 종합적으로 계획을 세우고 나라 살림을 하기 때문에 지역 문제에는 소홀할 수 있거든요. 또 지역의 살림살이와 주민들의 문제를 주민들 스스로 해결하여 국민 자치를 이루기 위해서입니다.

부산시가 지원하는 부산 국제 영화제

지방 자치 단체는 광역 자치 단체인 특별시·광역시·도·특별자치시·특별자치도와 기초 자치 단체인 시·군·구를 들 수 있습니다. 단체마다 집행 기관인 지방 자치 단체장과 의결 기관인 지방 의회가 있지요. 지방 자치 단체장은 중앙 정부의 행정부와 같은 역할을 하고, 지방 의회는 국회와 같은 역할을 해요.

각 지방 정부는 중앙 정부로부터 자율성을 가지고 독립적으로 정책을 추진하고 실시합니다. 예를 들어 학생에게 급식을 무료로 지원하는 범위는 각 지방의 교육청에서 결정하기 때문에 지역마다 다르지요. 또 경기도에서는 외국 기업의 대규모 투자를 유치하고, 부산 광역시에서는 부산 국제 영화제를 치르는 등 지역마다 독자 사업을 추진해요.

하지만 중앙 정부와 지방 정부가 독자적으로 움직이지는 않아요. 서로의 협력이 반드시 필요해요. 그러므로 지방 정부는 자기 지역의 이익만을 내세우지 말아야 하고 중앙 정부는 모든 지역이 고루 발전할 수 있도록 공정해야 해요.

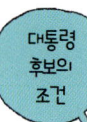

누구나 대통령 선거에 나갈 수 있나요?

물론이에요. 헌법에서 정한 몇 가지 조건만 갖춘다면 누구나 대통령 선거에 후보로 등록할 수 있어요.

'대통령으로 선거될 수 있는 자는 국회의원의 피선거권이 있고 선거일 현재 40세에 달하여야 한다.(헌법 제67조 제4항)'

우선 나이가 만 40세가 넘어야 한다는 건 금세 알겠죠? 대통령으로서 나라의 살림을 책임지려면 그만큼 경험이 쌓여야 한다는 것입니다. 더불어 대통령 후보가 되기 위해서는 몇 가지 조건을 더 만족해야 해요.

첫 번째, 금치산자는 후보로 나서지 못해요. 금치산자는 법원으로부터 자기 행동의 결과에 대한 판단 능력이 없다고 판정받아, 자기 재산의 관리와 처분을 금지하는 선고를 받은 사람이에요.

두 번째, 전에 불법 선거를 저질러 아직 피선거권을 회복하지 않은 사람도 출마할 수 없어요. 또 법원의 판결에 따라 선거권이나 피선거권을 잃었거나 정지된 사람, 교도소에 갇혀 금고 이상의 죗값을 치러야 하는 사람도 출마할 수 없지요.

마지막 조건은 5년 이상 우리나라에서 살고 있어야 한다는 거예요.

이 모든 조건을 갖췄다면 누구나 대통령 선거에 출마할 수 있고, 그렇지 않다면 아무리 능력이 뛰어나도 후보로 나설 수 없어요. 대통령은 한 나라의 운명을 맨 앞에서 짊어지는 중요한 자리이니까요.

제19대 대통령 선거에 출마한 후보들

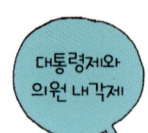

대통령이 없는 나라도 있나요?

물론이에요. 세계 모든 나라에 대통령이 있는 것은 아니에요. 민주주의 국가여도 정치 제도는 조금씩 다르거든요.

우리나라에서 대통령은 정부의 최고 책임자로서 나랏일을 이끌고 외국과 관계할 때 국가를 대표하는 사람이에요. 우리나라처럼 대통령을 중심으로 나랏일이 운영되는 정부 형태를 '대통령제'라고 해요. 우리나라 말고도 미국, 브라질 등에서 시행하고 있어요.

대통령제의 기본 원칙은 국회와 정부가 엄격하게 권력을 나눠 가진다는 점이에요. 이때 대통령은 국민의 투표를 통해 임기를 보장받기 때문에 국회의 간섭을 받지 않고 소신껏 나랏일을 해 나갈 수 있어요. 따라서 대통령의 임기 동안 나라가 안정적으로 운영된다는 장점이 있지요.

대통령제의 단점은 자칫 대통령의 힘이 너무 커져서 독재 정치가 이루어질 수 있다는 거예요. 또 국회와 정부 간에 의견 충돌이 생기면 시간과 비용이 낭비될 수 있어요.

또 다른 정부 형태로는 '의원 내각제(내각 책임제)'가 있어요. 영국과 일본이 대표적인 나라예요. 의회에서 과반 이상의 지지를 받은 대표가 '총리'가 되어 내각의 책임자가 되지요. 우리나라도 이승만 대통령이 4·19 혁명으로 물러난 뒤, 의원 내각제를 채택하여 장면 총리가 내각 책임을 맡기도 했답니다.

의원 내각제에서는 내각 구성에 의회의 책임이 있고, 국회의원이 직접 내각에 참여하기 때문에 대통령제보다 더 책임감을 갖고 정치를 한다는 장점이 있어요. 또 총리는 의회에 의해서 언제든 물러날 수 있으므로 독재를 하기 어려워요. 하지만 총리가 자주 바뀌어서 나라가 불안정할 수 있어요. 또 거대 정당에서 나라를 제멋대로 운영할 수 있다는 단점이 있지요.

	대통령제	의원 내각제
정부의 최고 책임자	대통령	총리
선출 방법	국민 투표	의회 선출
시행 국가	대한민국, 미국, 브라질 필리핀, 멕시코 등	일본, 영국, 스페인, 캐나다, 오스트레일리아, 독일, 인도 등

대통령은 나랏일을 마음대로 할 수 있나요?

대통령은 국가 원수로서 특별한 권한이 주어져요. 우선 대통령은 정부를 구성하고 통솔할 수 있어요. 공무원을 임명하고, 법을 바탕으로 여러 가지 나랏일을 계획하고 실천할 수 있고요. 아울러 국군을 지휘하고, 다른 나라와 전쟁을 하게 되면 '선전 포고'를 할 수도 있답니다. 또 새로 필요한 법률을 국회에 제출하고, 사법부에는 대법원장, 대법관 등을 임명하여 견제와 균형을 이룰 수 있어요. 중요한 일을 결정할 때는 국민 투표를 실시할 수도 있지요.

이 밖에도 본인과 가족의 안전을 보호받고, 대통령 업무 활동에 필요한 모든 것을 제공받아요. 또 대통령은 나라를 망하게 하는 등의 중대한 죄를 저지르지 않는 한, 임기 동안에는 법적인 처벌을 받지 않는 특권도 가지고 있답니다.

대통령이 지켜야 할 책임과 의무도 무척 크답니다. 대통령은 나라의 독립과 영토를 보존할 책임이 있어요. 국민의 기본권을 보장하는 헌법을 지키고, 나라가 없어지지 않도록 할 의무도 있지요. 또 나라가 어려움에 처하면 국민을 보호해야만 하고요. 특히 우리나라 대통령은 평화 통일을 위해 노력해야 하는 중요한 의무가 있습니다.

> 그 일은 국회의 동의가 필요합니다.

> 음!

> 그것도 하시면 안 됩니다.

> 휴!

> 대통령이라고 마음대로 할 수 있는 것이 아니군.

> 그만큼 나랏일이 중요하다는 뜻입니다.

정치 사건 — 권력을 이용해 돈을 받은 대통령 비자금 사건

1995년 겨울, 전두환·노태우 전 대통령에 대한 검찰의 수사가 진행됐다. 대통령 시절, 권력을 이용해 기업으로부터 비밀리에 많은 돈을 받아 냈기 때문이다. 두 전 대통령은 이 돈을 권력을 유지하는 데 사용했으며, 나머지는 개인 재산으로 만들었다.
결국 법정에 선 두 전 대통령은 각각 무기징역과 2205억 원, 징역 17년과 2629억 원을 나라에 내놓으라는 판결을 받았다.

노태우 전 대통령의 비자금 사건 법원 판결

우리나라에는 부통령이 없어요?

민주주의 국가라고 해도 나라마다 제도가 조금씩 달라요. 대통령제든, 의원 내각제든 그것을 운영하는 방법 또한 나라마다 다르답니다.

우리나라와 미국은 대통령제를 시행하고 있지만 다른 점도 많아요. 그 가운데 하나가 '부통령 제도'예요. 우리나라에는 부통령이 없지만 미국은 대통령과 함께 부통령을 투표로 선출해요. 당선되면 대통령과 함께 나랏일을 책임지고 운영해 나가지요. 미국의 부통령은 특별히 상원 의장 역할을 맡고 있어요. 만약 상원에서 투표를 했는데, 찬성표와 반대표가 같다면 그 안건의 찬성과 반대를 결정할 수 있어요. 그래서 미국의 대통령 선거에서는 부통령 후보가 누구인가도 큰 관심거리입니다.

우리나라에는 부통령이 없는 대신 '국무총리'가 있어요. 국무총리는 대통령이 임명해요. 대통령과 함께 나라 살림을 해 나가고, 대통령이 사망할 경우 그 권한을 물려받아 행사한다는 점은 부통령과 비슷해요. 하지만 국무총리는 임기가 정해져 있지 않아요. 대통령은 국무총리가 잘못하면 해임하고 새로운 사람을 임명할 수 있지요.

우리나라도 초기에는 부통령 제도가 있었어요. 초대 정부는 이승만 대통령과 이시영 부통령이 나란히 출발했죠. 부통령 제도는 1960년 4·19 혁명으로 이승만 정권이 무너지고 대통령제가 의원 내각제로 바뀌면서 없어졌어요.

대통령은 얼마 동안 할 수 있어요?

현재 우리나라에서 대통령은 5년 동안만 나라의 정치를 책임져요. 이러한 형태의 대통령 임기 제도를 '5년 단임제'라고 불러요.

단임제는 한 사람이 오랫동안 권력을 잡는 것을 막을 수 있어요. 하지만 임기가 끝나면 끝이라는 생각에 무리하게 나라 살림을 꾸려 갈 위험이 있고, 책임감 없이 나랏일을 할 수 있다는 단점도 있어요.

단임제와는 달리 대통령직을 맡았던 사람이 다시 대통령 선거에 출마할 수 있는 제도도 있어요. 먼저 연임제는 계속해서 두 번 대통령을 할 수 있는 제도예요. 현재 대통령이 임기 중에 치러지는 선거에 출마할 수 있고, 당선될 경우 연이어 대통령을 할 수 있지요. 또 중임제는 횟수에 상관없이 언제라도 거듭해서 선거에 나와 대통령을 할 수 있어요.

연임제와 중임제에서는 훌륭한 정치를 펼쳐야 다시 대통령을 할 수 있어요. 그래서 대통령이 임기 동안 단임제 대통령보다 더 책임감을 갖고, 국민의 평가에 귀 기울여 일한다는 장점이 있어요. 하지만 중임제는 한 사람이 오랫동안 대통령을 맡아 독재 정치를 할 우려도 있어요.

대통령이 국가의 발전과 국민의 행복에 미치는 영향력은 대단하기 때문에 대통령의 임기가 중요해요. 그러므

연임에 성공한 오바마 전 미국 대통령

로 대통령의 임기는 각 나라 상황에 맞도록 신중하게 결정해야 하지요.

우리나라에서는 대통령의 임기를 헌법에 정하고 있어서 함부로 바꿀 수 없고, 만일 바꾸더라도 바꿀 당시의 대통령에게는 적용되지 못하도록 하고 있답니다.

대통령에게 사고가 나면 어떻게 하나요?

만약 예기치 못한 사건이나 사고로 대통령이 업무를 수행할 수 없다면 나라는 어떻게 될까요? 아마도 순식간에 혼란에 빠지겠죠? 그래서 대통령이 제대로 나랏일을 할 수 없을 때를 대비해, 그 권한과 책임을 이어받는 순서를 헌법에 정해 놓았습니다.

대통령이 임기 중에 헌법이나 법률을 위반하여 탄핵되거나 사망하게 되면, 그 권한과 책임이 국무총리에게 주어져요. 국무총리는 정부에서 대통령 다음의 최고 책임자이기 때문이에요.

하지만 국무총리는 국민이 직접 뽑은 직책이 아니라서 대통령의 역할을 대신하는 기간을 60일 이내로 제한하고 있어요. 따라서 60일 이내에 선거를 치러 새로운 대통령을 뽑아야 해요. 이렇게 뽑힌 대통령은 이전 대통령의 남은 임기만 채우는 것이 아니라 새로운 대통령으로서 5년 동안 일을 하게 됩니다.

만약 대통령의 역할을 대신하는 국무총리에게도 문제가 발생한다면 어떻게 할까요? 법률에 따른 순서대로 장관들이 책임과 권한을 물려받아요. 2017년에 새로 바뀐 정부 조직법에 따르면 기획재정부 장관, 교육부 장관, 과학기술정보통신부 장관, 외교부 장관, 통일부 장관 등의 순서로 대통령의 역할을 대신하게 되어 있어요.

대통령의 탄핵 소추

탄핵 소추는 대통령이나 고위공무원이 헌법이나 법률에 위반되는 행위를 했을 때 해당 직에서 물러나게 하는 것을 말한다. 탄핵 소추는 국회의 1/3이 발의하고, 재적의원 2/3이상이 찬성, 대통령의 경우는 국회의 과반수가 발의, 재적의원 2/3이상이 찬성하면 이루어진다.

탄핵 소추가 결정되면, 대통령과 해당 공무원은 헌법재판소의 판결이 있을 때까지 그 직무가 정지된다. 헌법재판관 9명 중 6명 이상이 찬성하면 탄핵이 결정된다. 탄핵이 확정되면, 해당 직에서 물러나는 것에 그치지 않고, 잘못한 일에 대해 민사, 형사상의 벌을 받게 된다.

왜 정상 회담을 하나요?

정상 회담을 하는 대통령들

대통령의 가장 큰 권한이자 역할 중 하나가 국제 사회에서 우리나라를 대표하는 것이에요. 이에 따라 대통령은 국가 원수로서 다른 나라와 외교 관계를 맺을 수도 있고 전쟁을 선언할 수도 있어요. 즉 대통령은 우리나라의 대표 외교관이라고 할 수 있지요.

정상 회담은 대통령이 외국과의 교류에서 하는 가장 중요한 일이에요. 정상 회담이란 두 나라 이상의 최고 권력자가 만나 공통의 문제에 관해 함께 의논하는 걸 말해요. 정상 회담을 통해 각 나라의 기술이나 자원, 문화 등을 활발하게 교류하기로 약속을 맺기도 하고, 두 나라 사이에 쌓인 갈등을 해결할 때도 있어요.

그런데 왜 장관이나 전문가를 두고 바쁜 대통령이 직접 나서느냐고요? 물론 대부분의 문제와 세세한 내용은 장관이나 전문가끼리 만나 협의하고 해결해요. 하지만 종종 두 나라 사이의 의견 차이가 좁혀지지 않거나 하루빨리 해결해야 하는 일, 국제적으로 영향을 미치는 일 등이 생기면 대통령이 직접 나서서 풀어야 한답니다. 국가 원수는 자신의 나라의 중요 정책에 결정권을 가지고 있기 때문에 정상 회담을 하면 바로 그 자리에서 결정을 내릴 수 있거든요.

여러 나라의 정상이 모이는 다자 회담

정상 회담은 꼭 두 나라의 최고 권력자끼리만 하지는 않아요. 공통의 문제와 관련된 모든 나라의 최고 권력자들이 모여 정상 회담을 열기도 해요. 대표적인 것이 'G20 정상 회담'이에요. G20 정상 회담은 우리나라를 비롯해 세계 20개 나라 정상들이 모여 국제 사회의 주요 경제·금융·문제를 폭넓게 논의하는 회의예요. 이처럼 다자 회담은 여러 나라가 함께 관련된 문제를 다루게 되는데, 세계화가 빠르게 진행되면서 다자 회담의 종류도 많아지고 중요성도 커지고 있어요.

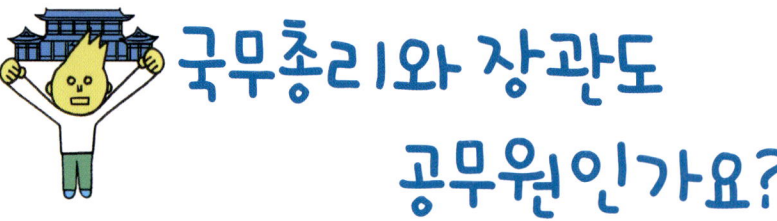

국무총리와 장관도 공무원인가요?

　정부는 하는 일이 많고 조직도 크기 때문에 다양하고 많은 사람이 일합니다. 이 모든 사람의 우두머리가 대통령이지요. 대통령은 정부 전체 책임자로서 정책을 결정하고 수행하도록 지시합니다. 국무총리는 대통령을 보좌하며 정부의 전반적인 업무를 살피고, 행정 각부를 이끌어 나가지요.

　우리나라의 장관은 대통령이 임명하는데, 주로 그 분야에서 전문가로 자리 잡은 사람이에요. 장관은 해당 부서를 이끌어 가는 책임자이기 때문에 매우 책임감이 강하고 뛰어난 능력을 갖추어야 합니다.

　우리나라는 장관의 임기가 따로 정해져 있지 않아서 일을 잘하면 대통령이 바뀌어도 오랫동안 일할 수 있어요. 반대로 큰 잘못이 있으면 몇 달 만에 물러나기도 합니다.

　이들과 더불어 국가 또는 지방 공공 단체에서 일하는 모든 사람을 공무원이라고 해요. 경찰관, 소방관, 세무 공무원, 보건소 직원, 군인도 모두 공무원이에요. 물론 국회와 법원에서 일하는 국회의원과 판사 등도 모두 공무원이지요.

　공무원마다 맡은 일은 다르지만 모두 국민의 삶을 안전되고 풍요롭게 만들 의무가 있어요. 공무원이 열심히 일해야 국민이 평안하고 행복하게 살 수 있어서 공무원의 책임은 매우 크지요.

외교관이 하는 일이 뭐예요?

만약 우리나라 정부가 다른 나라 정부에 어떤 외교 정책을 설명할 필요가 있다면 어떻게 해야 될까요?

그럴 때 정부를 대표해 일을 처리하는 사람이 외교관입니다. 외교관은 정부의 지시를 받아 외국에 파견되어 일하는 공무원이지요. 외교관은 파견된 나라와 우리나라가 좋은 관계를 유지할 수 있도록 그 나라의 정보를 모으고 교류하는 일을 해요. 또 그 나라에 살거나 여행하는 우리나라 국민을 보호하고, 해당 나라에 우리나라를 알리는 역할도 해요.

우리나라와의 관계에 따라 나라마다 다른 직책의 외교관이 파견돼요. 먼저 '대사'는 외교관 가운데 가장 중요한 직책이에요. 대사는 대사관의 우두머리로서, 우리나라 정부를 대표해 상대 국가와 협상 등의 일을 합니다. 공사는 대사의 지시를 받아 일을 처리하는 외교관이에요. 큰 대사관에는 세 명의 공사가 있으며 보통 대사관에는 한 명의 공사가 있어요.

영사는 주로 비자 발급과 관련된 업무와 그 나라에서 여행하거나 일을 하는 우리나라 국민들을 보호하는 일을 해요. 총영사관에서 근무하는 외교관들은 정치, 경제에 관련된 업무도 본답니다.

헝가리에 있는 대한민국 대사관

민간 외교 사절단, 반크

반크(VANK)는 우리나라를 모르는 외국인들에게 전자 우편을 통해 우리의 역사와 문화에 대해 알리는 민간 단체예요. 우리나라 사람이라면 누구나 참여할 수 있어요. 주로 외국의 지도에 잘못 실린 우리나라의 지명을 바로잡거나 독도가 우리 땅이라는 것을 알리는 활동을 해요. 반크는 우리나라의 민간 외교 사절단이에요.

민간 외교 사절단, 반크

세계 평화를 위해 노력하는 국제기구

오늘날 다른 나라와 정치, 경제적으로 관계를 맺지 않은 나라는 없어요. 서로 협력할 일도 많아지고 분쟁도 잦아졌지요. 이에 따라 나라 사이에서 일어나는 여러 문제를 해결하려고 국제연합을 비롯한 국제기구들이 생겨났어요.

세계 평화를 지켜라, 국제 연합(UN)

대표적인 국제기구로, 총 193개국이 가입되어 있어요. 세계 평화를 목적으로 국제적인 갈등을 해결하고, 평화를 위협하는 나라나 단체를 제재하는 일을 한답니다.

회원국 모두가 모이는 국제 연합의 총회

회원국의 평화를 지키는 '블루 헬멧' 국제 연합 평화유지군

유럽 국가들 모여라, 유럽 연합(EU)

유럽 27개국이 모인 국제기구예요. 유로(€)로 화폐 단위를 통일하고, 회원국끼리 자유로운 여행이나 경제 활동을 보장해요. 회원국이 하나의 국가처럼 움직이지요.

유럽 연합의 공식 화폐 유로(€)

2012년 노벨 평화상을 수상한 유럽 연합

지구의 건강 지킴이, 세계 보건 기구(WHO)

인류가 건강하게 생활할 수 있도록 도와요. 건강에 관한 다양한 연구를 하고, 질병을 예방하기 위해 힘쓰지요. 또 전염병 등이 발생하면 환자를 치료하고 피해를 최소화하기 위해 노력해요.

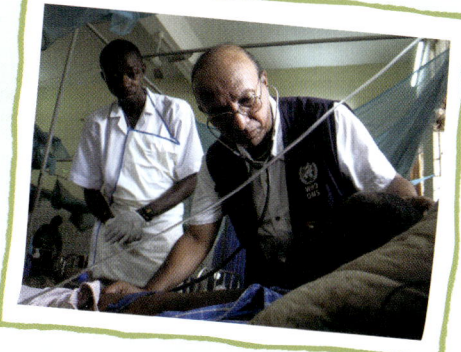
환자를 돌보는 세계 보건 기구 소속 의사

잘살아 보세, 경제 개발 협력 기구(OECD)

경제 발전을 위해 만들어진 국제기구예요. 이를 위해 36개국이 힘을 합쳐 정책을 연구하고 협력하여 각 나라뿐만 아니라 세계 경제 발전을 위해 힘쓰고 있어요.

경제 발전에 관한 회의를 하는 경제 개발 협력 기구

원자력을 안전하게, 국제 원자력 기구(IAEA)

전 세계의 핵에너지가 평화적으로 이용되도록 하기 위해 설립된 국제기구예요. 각 나라 간의 과학적·기술적 정보 교류를 활발히 하고, 핵연료가 군사 목적으로 사용되지 않도록 막고 있어요.

원자력 시설을 관리하는 국세 원자력 기구 직원

교육·과학·문화의 발전을 위한, 국제 연합 교육 과학 문화 기구(UNESCO)

보통 줄여서 유네스코라고 불러요. 유네스코는 교육, 과학, 문화의 교류를 돕고 문화 발전이 뒤쳐진 곳을 지원해요. 이를 위해 세계의 자연 자원과 문화 유적을 보존하고, 문맹 퇴치 사업을 한답니다.

온두라스 산라몬에 깨끗한 학교를 지원한 유네스코

정치 지식 플러스

세계 여러 나라의 정부 형태

세계에 있는 수많은 나라는 나라마다 정부 형태가 조금씩 다르고, 이에 따라 국가 원수도 달라요. 세계 여러 나라의 정부 형태와 국가 원수에 대해 알아보아요.

프랑스 대통령 마크롱과 총리 바이루

이원 집정부제

대통령제와 의원 내각제가 합쳐진 정부 형태예요. 평상시에는 내각의 총리가 행정권을 맡다가 비상시에는 대통령이 모든 행정권을 갖는답니다. 프랑스, 폴란드 등의 나라가 여기에 속해요.

영국: 의원 내각제
러시아: 대통령제
중국: 일당 독재 체재
일본: 의원 내각제
프랑스: 이원 집정부제
이란: 신정 정치 체제
대한민국: 대통령제
사우디아라비아: 절대 군주제
인도: 의원 내각제
인도네시아: 대통령제
오스트레일리아: 의원 내각제
남아프리카 공화국: 대통령제

아직도 왕이 모든 권력을 가진 나라가 있구나.

사우디아라비아 왕 압둘아지즈

절대 군주제

통치자가 절대적인 권력을 가지고 나라를 다스리는 정부 형태예요. 대부분의 왕이 국가 원수이자 최고 권력자이지요. 사우디아라비아가 절대 군주제랍니다.

중국 공산당 전국 인민 대표 대회

미국 47대 대통령 도널드 트럼프

일당 독재 체제

하나의 당이 절대 권력을 갖는 정부 형태예요. 중국 공산당이 대표적인 일당 독재 체제예요. 중국의 국가 원수는 주석이지만 국가의 최고 권력은 전국 인민 대표 대회가 가지고 있어요.

대통령제

국가 원수인 대통령을 중심으로 나라를 이끌어 가는 정부 형태예요. 우리나라, 미국을 비롯해 브라질, 필리핀 등이 대통령제를 실시하고 있어요.

캐나다: 의원 내각제
미국: 대통령제
멕시코: 대통령제
브라질: 대통령제
아르헨티나: 대통령제

일본 왕 나루히토

일본 총리 이시바 시게루

의원 내각제

행정부인 내각이 의회의 결정에 따라 이루어지는 정부 형태예요. 내각의 우두머리는 총리지만 국가 원수는 아니에요. 일본과 영국 등은 왕이 국가 원수이고, 독일과 이스라엘 등은 대통령이 국가 원수예요.

나라에서 으뜸가는 권력을 가진 사람을 국가 원수라고 해.

이란 이슬람교 지도자 하메네이

신정 정치 체제

이란의 정부 형태예요. 이슬람교의 지도자 아래 대통령 중심으로 행정부·입법부·사법부가 있는 정부 형태예요. 종교 지도자가 국가 통치의 절대 권력을 지니지요.

4장 국회의원과 국회, 입법부

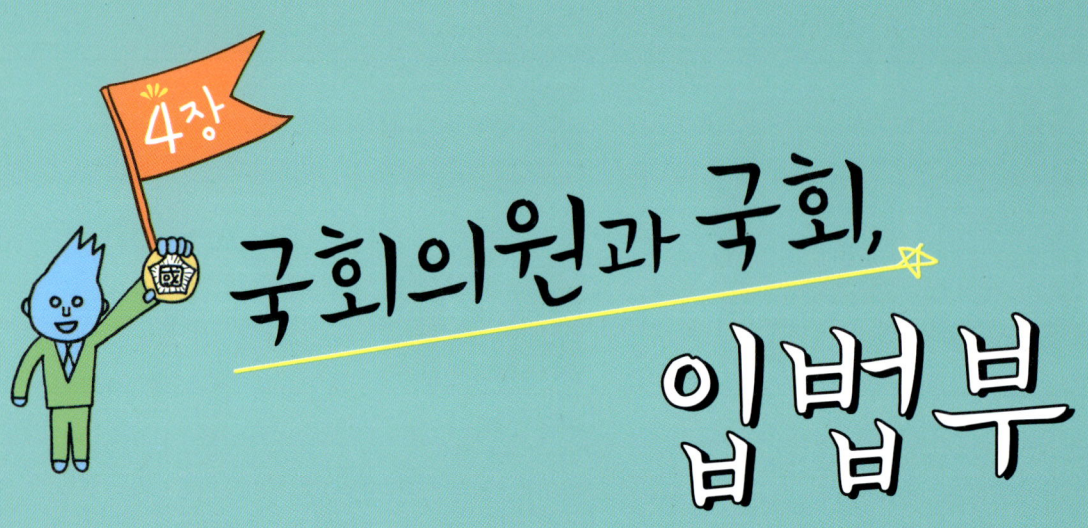

국회는 국회의원들이 일하는 곳이에요.
국회의원들이 하는 일 중에서 가장 중요한 일이 자신을 뽑아 준 국민들의 뜻을 살펴 법을 만드는 일이에요.
그래서 국회를 입법부라고 해요.
법을 잘 만들어야 민주적이고, 정의로운 사회가 될 수 있어요. 국회의원은 법을 만드는 일 말고도 정부가 일을 잘하는지, 세금은 올바로 쓰는지 살피는 일도 한답니다.

국회의 역할

국회에서 하는 일이 뭐예요?

국회는 우리나라 입법부의 다른 이름이에요. 국회의원들이 함께 모여 일하는 곳이죠.

국회가 하는 일 가운데 가장 중요한 것은 '법을 만드는 입법 활동'이에요. 법은 민주주의를 움직이는 기초예요. 국민 생활의 중심에 서 있는 법을 만들기 때문에 국회의 책임은 매우 크답니다. 즉 법을 만들고 고치거나 없애는 역할이 국회가 있어야 하는 이유라고도 할 수 있어요.

국회는 대통령과 정부가 일을 잘하는지 살피는 역할도 해요. 해마다 정해진 기간에 정부의 각 부처가 한 일을 검토해서 국민의 뜻대로 되었는지 확인하는 것이지요. 만약 잘못한 일이 있다면 바로잡을 것을 요구한답니다. 국회의 이러한 활동을 '국정 감사'라고 해요.

또 국회는 나라의 살림살이를 결정하는 일도 해요. 한 해 동안 나라 살림에 필요한 비용을 정하고, 그 돈이 어디에 얼마나 쓰여야 되는지 정해 주지요. 또 이미 사용한 돈은 계획대로 쓰였는지 심사한답니다.

이 밖에 국회는 대법원장, 헌법재판소장, 국무총리, 감사원장 등의 '인사 청문회'를 열어요. 대통령이 임명하려는 사람이 그 자리에 적절한 사람인지 국회의원들이 꼼꼼히 살피는 것이지요. 인사 청문회가 끝난 뒤, 그 사람의 임명을 동의하거나 반대해요. 만약 국회에서 반대한다면 대통령은 그 사람을 임명할 수 없지요.

정기 국회와 임시 국회

국회는 언제 열리나요?

우리나라 국회는 일 년 내내 열리지 않아요. 법으로 정해진 때에 정기적으로 열리거나 필요한 때에 임시로 열리지요. 이렇게 국회가 열리는 일정한 기간을 '회기'라고 불러요. 국회가 열리는 시기와 회기의 규칙은 법으로 정해져 있어요. 이에 따라 국회를 두 가지로 나눌 수 있답니다.

먼저 '정기 국회'예요. 정기 국회는 해마다 9월 1일에 정기적으로 회기를 시작해요. 만약 9월 1일이 공휴일이면 다음 날 국회가 열려요. 정기 국회의 회기는 100일 이내로 정해져 있어요.

국회의원들은 정기 국회가 열리는 동안 많은 일을 해요. 한 해 동안 나라 살림에 쓰인 비용을 검토하고, 이듬해 나라 살림에 쓸 비용을 결정하지요. 그에 따른 갖가지 법률도 새로 정하거나 알맞게 고치고요. 또 정부에게 나랏일에 관해 질문하고 답변을 듣는 국정 감사도 합니다.

정기 국회 이외의 기간에 열리는 국회는 '임시 국회'라고 해요. 임시 국회는 해마다 2, 4, 6월과 필요한 때에 수시로 열려요. 임시 국회에서는 정기 국회에서 처리하지 못한 일이나 빨리 시행되어야 할 법안을 통과시켜요. 하지만 국회는 300명의 국회의원이 모이는 일이기 때문에 몇몇이 마음대로 열 수 없어요. 대통령이 요구하거나 국회의원의 4분의 1 이상이 요구할 때 열 수 있답니다. 임시 국회의 회기는 30일 이내로, 정기 국회보다 짧아요.

국회 본회의를 진행하는 국회의장

300명이 참여하는 국회의 본회의는 누가 진행을 할까요? 바로 국회의장이에요. 국회의장은 국회의 토론을 진행하고 투표 결과를 정리하고, 국회 전체를 대표해요. 국회의장은 국회의원들이 투표로 정해요. 국회의장을 선출할 때 두 명의 부의장을 뽑아, 국회의장이 제 역할을 할 수 없을 때 업무를 대신하게 해요.

국회 본회의장에서 회의를 진행하는 국회의장

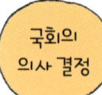

국회의
의사 결정

국회에서 안건은 어떻게 결정되나요?

▲ 투표 결과를 나타내는 국회 전광판

국회의원들은 안건이 상정되면 토론을 통해 여러 의견을 나누어요. 그리고 그 안건에 대해 투표해서 결론을 내려요. 이렇게 투표로 결정된 내용은 모든 국회의원이 따라야 해요.

그렇다면 안건이 통과되려면 몇 사람이 찬성해야 할까요?

기본적으로 다수결의 원칙에 따라요. 하지만 국회의 결정이 나라에 미치는 영향이 큰 만큼 단순히 더 많은 사람이 찬성했다고 무조건 통과시키지는 않아요. 그래서 그 기준을 따로 정해 두었답니다.

법을 만드는 등 대부분의 안건은 전체 국회의원 중 절반이 넘는 국회의원이 국회에 출석하고, 출석한 국회의원 중 절반이 넘는 국회의원이 찬성하면 통과되어요. 하지만 특별한 일에는 더 엄격한 기준을 적용해요. 예를 들어 헌법을 개정하려면 전체 국회의원 중 3분의 2 이상이 찬성해야 하지요. 만약 이때 전체 국회의원의 절반만 출석했다면, 출석한 모든 국회의원이 찬성해도 헌법을 개정할 수 없어요.

이처럼 국회에서 어떤 안건을 통과시키는 데 필요한 찬성표의 숫자를 '의결 정족수'라고 해요. 국회의 의결 정족수는 어떤 성격의 안건이냐에 따라 저마다 달라요. 국회의원들이 신중하게 결론을 내릴 수 있도록 돕기 위해서예요.

국회에서 찬성표와 반대표 수가 같으면?

국회에서 찬성표와 반대표가 딱 절반씩 나뉘면 어떻게 결론을 내려야 할까요? 우리나라를 비롯한 여러 나라의 국회에서는 어떤 내용이든 한 회기 내에 한 번만 투표를 할 수 있기 때문에 다시 투표를 하지는 않아요. 대신 두 가지 방법 중 각 나라에 맞는 하나를 선택하지요.

하나는 의결 정족수를 채우지 못했다고 보는 거예요. 즉 반대로 결론을 내리는 것이지요. 우리나라의 국회가 바로 그래요. 또 다른 하나는 국회의장이 결정하는 거예요. 국회의장이 어느 쪽의 손을 들어 주느냐에 따라 찬성이 되기도 하고, 반대가 되기도 하지요. 일본과 영국 하원에서는 이 방법으로 결론을 내린답니다.

국회의원 선거는 몇 년에 한 번씩 치러지나요?

국회의원 선거에 출마할 수 있는 자격은 대통령과 크게 다르지 않아요. 금치산자, 금고 이상의 형벌을 받은 사람 등 국회의원 후보가 될 수 없다고 법으로 정해진 사람만 아니면 되지요. 다만 대통령과 다르게 국회의원은 만 25세 이상이면 누구나 후보가 될 수 있어요.

자격을 갖춘 후보가 선거에 출마해서 국회의원으로 당선되면, 4년 동안 국민을 대표해 나랏일을 해요. 대통령과 달리 국회의원은 선거에 나와 계속 당선되면 횟수에 제한 없이 국회의원으로 일할 수 있어요. 또 국회의원이 다음 선거에 나와 떨어지더라도 그다음 선거에 출마할 수 있어요. 우리나라 국회의원의 임기 제도는 4년 중임제이기 때문이에요.

이렇게 여러 번 당선된 국회의원을 부를 때는 당선된 횟수를 넣어 '~선 의원'이라고 표현하곤 해요. 예를 들어 국회의원에 3번 당선되었다면 '3선 의원'이라고 부르지요. 처음 당선된 국회의원은 한자로 처음이란 뜻을 지닌 '초(初)' 자를 넣어 초선 의원이라고 해요.

여러 번 국회의원이 되었다는 것은 그만큼 국민들이 지지한다는 뜻이에요. 그래서 3선 이상된 국회의원의 의견은 영향력이 커요. 그에 따라 중요한 직책도 많이 맡지요. 반면 초선 의원은 경험이 부족하지만 누구보다 적극적으로 일해요. 결국 국회의원에 몇 번 당선되었는지가 중요한 것이 아니라 누가 더 국민을 위해서 일하는지가 중요하답니다.

4장 국회의원과 국회, 입법부 · 105

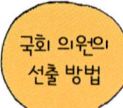

국회 의원의 선출 방법

국회의원은 모두 국민이 직접 뽑나요?

2024년에 뽑은 우리나라 제22대 국회의 국회의원은 모두 300명이에요. 방법은 조금 다르지만 모든 국회의원은 국민의 투표에 의해 선출됩니다. 국회의원은 선출 방법에 따라 '지역구 국회의원'과 '비례 대표 국회의원'으로 나뉘어요.

지역구 국회의원은 말 그대로 한 지역구에서 대표로 뽑힌 국회의원이에요. 지역구 국회의원의 수는 선거구에 따라 달라지지요.

비례 대표 국회의원은 자신이 소속되어 있는 정당의 득표 수에 따라 뽑힌 국회의원이에요. 각 정당에서는 선거 전에 비례 대표 국회의원 후보를 정하고 번호를 매겨요. 비례 대표 후보들은 각 정당이 선거에서 얻은 표에 비례하여 번호 순서대로 국회의원이 되지요.

이러한 방식으로 국회의원을 뽑으면 여러 분야의 전문가들도 국회에 진출할 수 있고, 작은 정당에서도 국회의원을 배출할 수 있어요. 선거 결과에 최대한 많은 국민의 의견이 반영될 수 있는 거지요.

국회의원 수는 언제나 똑같지 않고 변하는데, 지나치게 많거나 적으면 문제가 생겨요. 국회의원이 너무 많으면 국회의 규모가 커져서 일을 처리하는 데 시간이 오래 걸리고 비용도 많이 들어요. 반대로 너무 적으면 국회의원 한 사람이 살펴야 하는 국민의 수가 많아지기 때문에 국민의 바람을 제대로 파악하기가 어렵지요.

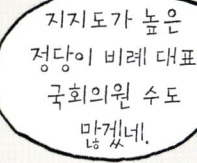  

국회의원에게 무슨 일이 생기면?

국회의원이 죽거나 죄를 지어서 빈자리가 생기면 뒤이어 일할 사람을 하루 빨리 정해야 해요. 만약 지역구 의원의 자리가 비었다면 해당 지역구에서 보궐 선거를 치러요. 하지만 비례 대표 의원의 경우에는 보궐 선거를 하지 않아요. 그 정당에서 후임자를 정하지요. 그 정당의 비례 대표 다음 순위자가 국회의원이 된답니다.

2013년 국회의원 보궐 선거를 위한 벽보

국회의원에게는 특별한 권한이 주어지나요?

국회의원에게는 국민의 대표로서 몇 가지 특권이 헌법으로 보장되어 있어요.

우선 '불체포 특권'이 있어요. 혹시 법을 위반했더라도 국회가 열려 일을 하고 있을 때는 국회에서 동의하지 않으면 체포되지 않는 특권이지요. 국회의원에게 그 책임을 물으려면 국회의 회기가 끝나야 해요. 하지만 회기 중이라도 범죄를 저지르는 현장에서 붙잡힌다면 체포된답니다.

또 국회가 열리기 전에 체포됐더라도 국회의 요청이 있으면, 그 국회의원을 잠시 석방해 일을 할 수 있도록 해 준답니다. 하지만 불체포 특권이 국회의원은 죄를 지어도 된다고 허용하는 것은 결코 아니에요. 국회의원의 활동을 보장하기 위한 것이지요. 만약에 국회에서 정부가 반대하는 법안을 통과시키려고 할 때, 불체포 특권이 없다면 법안 통과를 막기 위해 정부에서 국회의원에게 누명을 씌워 체포할 수도 있거든요. 즉 불체포 특권은 국회의원이 회기 동안 국회에 참석하여 어떤 압력도 받지 않고 활동하도록 보호하는 권한이랍니다.

국회의원에게 주어지는 또 다른 권한은 '면책 특권'이에요. 국회의원이 국회에서 일을 하며 한 말과 투표 행위에는 책임을 묻지 않는 거예요. 예를 들어 국회에서 어떤 의원이 "대통령이 추진하는 정책은 생태계를 파괴한다."라고 말했는데, 이 말이 사실이 아니더라도 처벌받지 않아요. 그러나 같은 말을 국회 밖에서 했다면 명예 훼손으로 고소당할 수 있지요. 면책 특권은 국회의원이 소신껏 자신의 역할을 하도록 보장하는 데 목적이 있어요.

이처럼 국회의원에게 주어지는 특권은 국회의원이 부당한 압력을 받지 않고 오직 국민을 위해서 자유롭게 정치를 할 수 있게 하는 장치예요.

국회의원이 지켜야 할 의무에는 뭐가 있나요?

국회의원에게는 특별한 권한이 있는 만큼 무겁고 중요한 의무가 법으로 정해져 있어요.

우선 국회의원은 청렴하고, 나라의 이익을 먼저 생각해야 할 의무가 있어요. 앞에서 말했듯이 국회의원 한 명은 수만 명, 수십만 명의 국민을 대표하고 있어요. 그러므로 자신의 이익에 눈이 멀어 국가와 국민에게 엄청난 피해를 입히지 않도록 조심해야 하지요.

또 국회의원은 자신의 지위를 이용해 특별한 대접을 받으려고 해서도 안 돼요. 국회의원은 국민의 대표라는 이유로 특별한 권한과 큰 힘을 가지고 있어요. 이러한 힘을 이용해 다른 사람들 앞에서 거드름을 피워서는 안 되고, 국회의원 신분을 내세워 돈을 벌어서도 안 돼요. 국회의원의 품위는 스스로 몸을 낮추어 국민을 위해 열심히 일할 때 갖춰지는 법이거든요.

또한 국회의원은 재산을 전부 공개해야 돼요. 해마다 그 재산이 어떻게 늘거나 줄었는지도 국민들에게 알려야 하지요. 이것은 어떤 국회의원이 재산을 많이 가졌는지 아닌지를 살펴보려는 게 아니에요. 단순히 재산이 적다고 청렴한 정치인이라고 단정 지을 수는 없거든요. 마찬가지로 재산이 많다고 무조건 부정하다고 생각하는 것도 옳지 않고요.

다만 국회의원이라는 신분을 이용하여 부정한 방법으로 재산을 모으지 않도록 감시하기 위한 것이지요. 국회의원은 일반 국민이 모르는 정보를 미리 알아 쉽게 재산을 늘릴 수 있거든요. 또 나라의 정책을 자신에게 유리하도록 이끌어 나갈 수도 있고요.

무엇보다 국회의원 스스로가 국민의 대표자라는 것을 잠시라도 잊으면 안 되지요!

국회의원 재산 공개 내역이 담긴 공보

정당이 뭐예요?

정당이란 정치에 대해 비슷한 생각을 가진 사람들이 모여 만든 단체를 말합니다. 예를 들어 큰 변화를 싫어하고 안정을 추구하는 사람들끼리, 사회의 변화를 바라는 사람들끼리 모여서 정당을 만들지요. 그래서 정당에서 추구하는 생각을 넣어 정당의 이름을 짓기도 해요.

정당은 정치 권력을 갖고, 자신들의 정치 이념에 따라 나랏일을 하는 것이 가장 큰 목표예요. 정당이 생겨난 것도 혼자보다는 여럿이 함께 일을 할 때 더 큰 힘을 발휘하기 때문이지요. 그러므로 정당은 소속된 정치인이 국회의원으로 많이 당선되어 국회로 진출하고, 특히 자신의 정당에서 대통령이 나오도록 최선을 다한답니다.

우리나라에서는 공무원과 사립학교 선생님을 제외한 국민은 누구나 정당을 만들 수 있어요. 법으로 정해진 조건에 따라 당원이 모이면 정당으로 인정받을 수 있지요.

정당은 정치가로만 구성되는 것이 아니에요. 일반 국민도 뜻이 맞는 정당에 가입해, 그 당의 정치인에게 힘을 보탤 수 있어요.

그럼 국회의원이 되거나 정치를 하려면 꼭 정당에 들어가야 할까요? 그건 아니에요. 자신의 생각과 같은 정당이 없다면 '무소속'으로 선거에 출마하거나 정치 활동을 할 수 있어요. 이때 무소속 후보란 소속된 정당이 없는 후보를 일컫는 말이랍니다.

정당의 역할과 기능

정당은 어떤 일을 하나요?

정당이 하는 일은 무척 많아요.

우선 정당은 자신들을 지지하는 국민의 목소리를 담아내야 해요. 오늘날 정당이 점점 다양해지고 많아지는 것은 그만큼 국민의 요구가 다양해졌기 때문이에요. 각 정당들은 추구하는 가치와 목표를 명확히 하고 국민의 뜻을 분명하게 대표해야 해요.

또 정당은 좋은 정책을 개발해야 해요. 이를 위해 전문가를 초청해 공부를 하거나 국민을 만나 바라는 점을 듣고 정책에 반영해요.

정당은 자신을 지지해 주는 국민의 뜻대로 정책을 만들고 실현시키는 일을 하지요. 그러기 위해서 정치 권력을 가지려고 더 많은 국민의 지지를 받기 위해 노력한답니다. 한마디로 정당의 역할은 지지 세력을 최대한 모아 자신들과 국민의 의견이 나랏일에 반영되도록 하는 거예요.

정책 홍보

국민의 의견 청취

국민들의 지지를 받기 위한 활동들

여당과 야당은 어떻게 달라요?

우리나라에는 여러 개의 정당이 있어요. 이 가운데 대통령을 배출한 정당을 여당이라고 해요. 어느 때든 여당은 1개의 정당뿐이죠. 하지만 야당은 여당을 제외한 나머지 정당을 모두 일컫는 말이에요. 여당은 대통령과 함께 자신들이 생각한 방향으로 정치를 하기 위해 노력해요. 반면 야당은 정부와 여당의 정책을 감시하고, 다음 선거 때 대통령을 배출하기 위해 노력하지요.

아무래도 여당은 대통령과 서로 도우면서 나랏일에 더 많은 영향을 끼치기 때문에 각 정당은 여당이 되려고 합니다. 하지만 여당이라도 국회의원 수가 야당보다 적다면 큰 힘을 발휘할 수 없어요. 정부의 정책에 힘을 실어 주기 어렵지요. 반면 야당이라도 국회의원 수가 여당보다 많으면 자신들의 생각대로 나랏일을 추진할 수 있어요.

그래서 얼마나 많은 국회의원이 소속되어 있는가는 정당의 힘을 판단하는 기준이 되지요. 특히 국회의원 수가 20명이 안 되는 정당은 국회에서 자신들의 목소리를 내기 어려워요. 우리나라에는 '교섭 단체'라는 규정이 있기 때문이에요.

교섭 단체란 국회가 어떤 일을 하려고 할 때 그 방법 등에 관해 모여서 협의할 수 있는 단체를 일컫는 말이에요. 교섭 단체로 인정받으려면 국회의원의 수가 20명 이상이어야 해요. 그래서 각 정당은, 국회의원 수가 최소한 20명이 되게 하려고 애를 써요. 교섭 단체가 되면 정당의 뜻을 효과적으로 밝힐 수 있고, 나라의 보조금도 더 많이 받을 수 있거든요.

조선 시대에도 당이 있었다고?

조선 시대에도 학연과 지연이 같은 사람끼리 붕당을 만들어 정치에 참여했어요. 이것을 '붕당 정치'라고 부르지요. 대표적으로 동인, 서인, 남인, 북인이 있었고, 노론과 소론, 시파와 벽파 등 다양한 집단이 정치적 의견을 놓고 서로 견제했어요. 붕당 정치를 통해 다양한 의견을 주고받고, 붕당끼리 견제하고 비판하면서 우리나라의 정치도 발전했어요. 하지만 지나친 권력 다툼으로 나랏일은 뒷전일 때도 있었답니다.

붕당 정치의 단점을 없애려 한 영조

정당 제도

다른 나라에도 정당이 여러 개 있나요?

　민주주의 국가는 국민이 주인이기 때문에 국민의 의견을 존중해야 해요. 국민의 생각과 요구가 다양한 만큼 정당이 많아지는 것이 당연하지요. 따라서 대부분의 민주주의 국가에서는 정당이 여러 개랍니다. 하지만 정당 체제는 나라마다 달라요. 크게 다당제와 양당제로 나누어요.

　다당제는 정치권력을 얻기 위해 3개 이상의 정당이 활동하는 것을 말해요. 우리나라를 비롯해 프랑스, 이탈리아, 독일 등이 이에 해당하지요.

　다당제는 국민이 정당을 선택할 수 있는 폭이 넓기 때문에 국민의 생각을 다양하게 반영할 수 있다는 장점이 있어요. 하지만 정당이 너무 많은 탓에 의견을 하나로 모으기 어려워 나라가 혼란스러워질 가능성도 있어요. 정당끼리 자주 뭉치고 흩어진다는 단점도 있고요.

　양당제는 세력이 비슷한 두 개의 정당이 힘을 나눠 갖는 것을 말해요. 실제로는 여러 개의 정당이 있지만 두 개의 정당이 다른 정당에 비해 훨씬 많은 지지를 받아요. 미국, 영국, 뉴질랜드 등이 대표적인 양당제 국가이지요.

　양당제에서는 두 개의 정당만 합의를 하면 되기 때문에 신속하고 효율적으로 결론을 내릴 수 있어요. 또 누구의 책임인지가 쉽게 드러나서 좀 더 책임감을 갖고 정치를 하게 돼요. 하지만 국민의 다양한 바람을 만족시키지 못한다는 단점이 있어요.

이익에 따라 정당을 옮겨 다니는 철새 정치인

철새는 계절에 따라 이동하는 새를 말하죠. 그런데 우리나라 국회의원들 가운데 철새 같은 사람들도 있어요. 자신의 이익에 따라 이 당에 있다가 저 당으로 옮기고 또 다른 당으로 옮기는 것이지요. 이런 사람들을 일러 '철새 정치인'이라고 불러요.

정당에서 자신들의 뜻을 이루기 위해 다른 정당의 국회의원을 빼내 가거나 당선을 위해 국회의원 스스로 이곳저곳을 옮겨 다니는 현상을 가리키는 말이지요. 심지어 14번이나 당적이 바뀐 정치인도 있어요. 그러나 17대 국회의원 선거에서 대부분의 철새 정치인이 선거에서 떨어지면서 이제 철새 정치인이 설 자리가 좁아졌답니다.

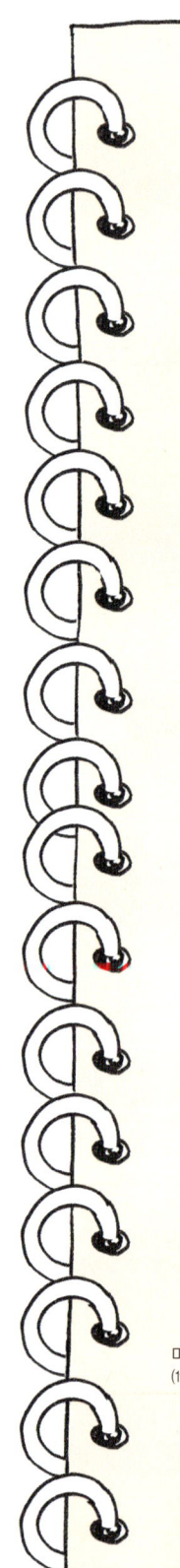

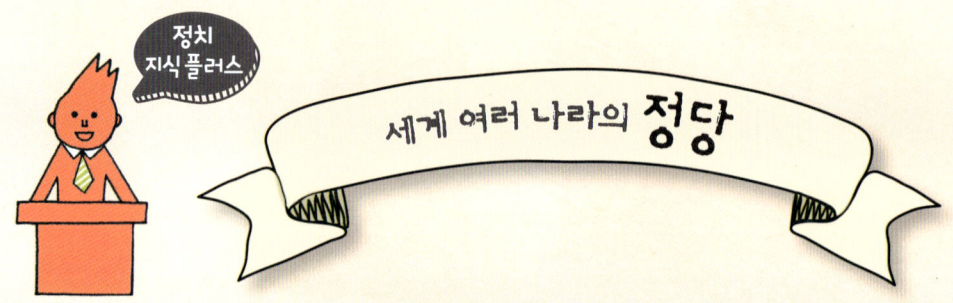

정치 지식 플러스

세계 여러 나라의 정당

민주주의 국가에는 다양한 정당이 있어요. 하지만 대부분의 나라에서는 두세 개의 정당이 정치를 이끌어 가지요. 각 나라를 대표하는 정당에 대해 알아볼까요?

미국은 두 개의 정당을 중심으로 의회가 구성되는 양당제 국가예요. 공화당과 민주당이 오랫동안 미국을 대표하며 정치를 이끌고 있지요.

민주당
세계에서 가장 오래된 정당이에요. 연방 정부의 역할을 늘려야 한다고 생각해요. 대표적인 정치인으로는 케네디 대통령과 오바마 대통령이 있어요.

제35대 케네디 대통령

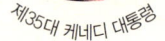

제16대 링컨 대통령

공화당
연방 정부의 역할을 줄이고, 개인의 자유와 경제 활동 확대를 중요하게 여겨요. 대표적인 정치인으로는 링컨 대통령과 부시 대통령이 있어요.

영국은 오랫동안 노동당과 보수당이 권력을 나누어 온, 대표적인 양당제 국가예요. 하지만 최근 자유민주당이 크게 성장하여 두 당과 어깨를 나란히 하고 있답니다.

마거릿 대처 총리
(1979~1990년 재임)

토니 블레어 총리
(1997~2007년 재임)

닉 클레그 부총리
(2010년~2015년 재임)

보수당
자유와 능력에 따른 성취를 중요하게 여겨요.

노동당
노동자, 농민, 여성 등의 생각을 대변하는 정당이에요.

자유민주당
보수당과 노동당을 모두 지지하지 않는 사람들이 지지해요.

 일본은 다당제 국가지만 오랫동안 자유민주당이 집권해 왔어요.
자유민주당 다음으로 큰 정당은 민주당이에요.

자유민주당
1955년 창당 이래 대부분 기간 동안 일본의 총리는 자유민주당 출신이에요.

제99대 스가 총리 / 제95대 노다 총리

민주당
2009년에는 자유민주당을 제치고 제1정당이 되기도 했어요. 대표 정치인으로는 노다 요시히코 총리가 있어요.

 중국에도 공산당을 비롯한 9개의 정당이 있어요.
하지만 공산당이 모든 권력을 독차지하고 있으며 다른 당은 힘이 없어요.

공산당
입법, 사법, 행정을 모두 맡고 있는 전국 인민 대표 대회가 국가 원수인 주석보다도 힘이 세답니다. 당원 수가 우리나라 국민보다 많을 정도로, 규모도 엄청나지요. 대표 정치인으로는 마오쩌둥, 장쩌민, 후진타오, 시진핑 등이 있어요.

제1대 마오쩌둥 주석

제7대 시진핑 주석

 다당제를 실시하는 우리나라는 40개가 넘는 다양한 정당이 있어요.

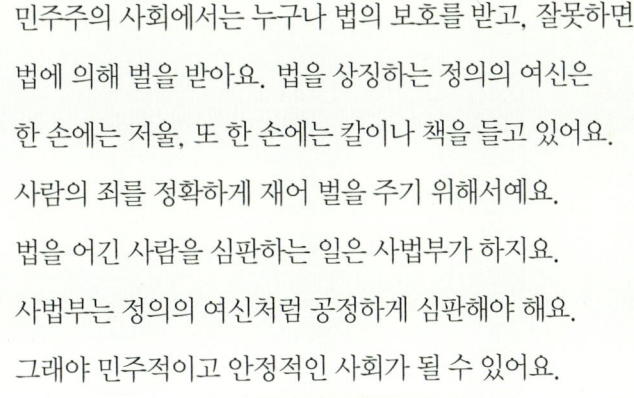

사법부는 법을 해석하는 일을 한단다.

민주주의 사회에서는 누구나 법의 보호를 받고, 잘못하면 법에 의해 벌을 받아요. 법을 상징하는 정의의 여신은 한 손에는 저울, 또 한 손에는 칼이나 책을 들고 있어요. 사람의 죄를 정확하게 재어 벌을 주기 위해서예요. 법을 어긴 사람을 심판하는 일은 사법부가 하지요. 사법부는 정의의 여신처럼 공정하게 심판해야 해요. 그래야 민주적이고 안정적인 사회가 될 수 있어요.

헌법의 뜻

헌법에는 어떤 내용이 담겨 있나요?

헌법은 가장 기본이 되는 법이에요. 동시에 국민의 권리를 보장하고 국가의 근본을 알리는 최고의 법이에요. 국민의 권리란 '인간이 태어나면서부터 갖게 되는 최소한의 권리'를 말해요.

헌법에는 죄 없이 신체를 구속받지 않을 자유, 종교를 선택할 자유, 자기 재산을 가질 자유, 자기 생각을 표현할 자유 등을 국민의 기본권으로 보장하고 있어요. 다시 말해 헌법은 누구나 인간답게 살 권리가 있음을 알리는 법이에요.

또 국민의 권리와 의무, 국회와 정부 등 국가 기관을 운영하는 기본 원칙, 선거 관리, 지방 자치, 국토와 국민에 관한 규정 등을 담고 있어요. 이 모두가 국가의 기틀을 잡고, 국가가 나아갈 길을 밝히는 내용이에요.

법에는 여러 종류가 있지만 어떤 법도 헌법보다 앞서서 효력을 발휘하지는 못해요. 헌법을 거스르는 내용을 담을 수도 없어요. 헌법 안에는 나라의 본바탕에 관한 것이 담겨 있으니까요.

대한민국 헌법 제1조 제1항은 '대한민국은 민주 공화국이다'예요. 우리나라가 민주주의 국가라는 것을 분명하게 밝히고 있지요. 제1조 제2항은 '대한민국의 주권은 국민에게 있고, 모든 권력은 국민으로부터 나온다'예요. 우리나라의 주인은 국민이라는 뜻이지요.

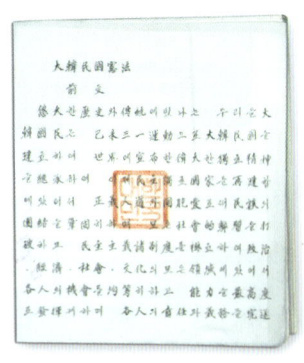

우리나라 헌법 초안

조선의 법전, 《경국대전》

조선 시대에도 법전에 의해 제도를 마련하고 나라를 다스렸어요. 《경국대전》은 그 뼈대가 된 법률이에요. 세조 때 만들기 시작해서 성종 때 완성됐어요. 《경국대전》에는 백성의 권리와 의무가 들어 있어요. '남자는 15세, 여자는 14세가 되어야 혼인할 수 있다', '땅과 집을 팔거나 사면 100일 이내에 관청에 보고해야 한다' 등의 내용이 담겨 있답니다.

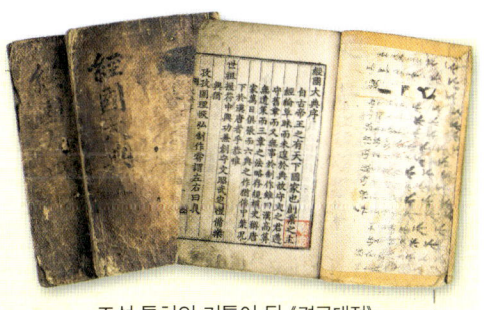

조선 통치의 기틀이 된 《경국대전》

헌법의 종류와 역할

우리나라의 헌법은 왜 자주 바뀌었나요?

우리나라 헌법은 '성문 헌법'이에요. 법전의 형식을 갖춘, 즉 법전에 적혀 있는 헌법이에요. 그런데 법전에 기록하지 않은 헌법도 있을까요?

그럼요. 드물기는 하지만 있어요. 영국과 뉴질랜드 등은 법전으로 만든 헌법이 없어요. 이런 헌법을 '불문 헌법'이라고 해요. 법전이 없는 나라들은 관습에 따라 헌법 정신만을 갖고 있어요. 그래서 영국을 '헌법이 없는 나라'라고 부르기도 해요. 어떤 헌법이든, 번지르르한 글보다 헌법 정신을 제대로 지켜 나가는 것이 훨씬 더 중요해요.

우리나라의 헌법은 1948년 7월 17일에 만들어졌어요. 이날을 법을 만든 날, '제헌절'로 정해 매년 기념하지요. 지금까지 우리나라 헌법은 아홉 차례나 바뀌었어요. 그만큼 정치 상황이 안정되지 못했다는 얘기지요.

물론 헌법이 시대 상황에 따라 바뀔 수는 있어요. 하지만 어떤 내용이든 민주주의 정신을 벗어나면 안 돼요. 그런데 우리나라의 헌법 개정은 권력을 가진 사람들의 이익에 따라 바뀐 적이 있어요. 그래서 국민들은 헌법을 바로 세우려고 많은 노력을 해야 했답니다. 이 때문에 우리나라의 헌법 개정 역사는 대부분 부끄러운 기억을 가지고 있답니다.

유신 헌법 공포식 모습

정치 사건

일곱 번째로 개정된 헌법, 유신 헌법

1972년 10월 17일 박정희 대통령이 유신 헌법을 선포하고, 그 해 12월 17일 공포·시행되었다. 유신 헌법은 일곱 번째로 개정된 헌법으로, 우리나라의 민주주의를 후퇴시킨 헌법이었다. 국민의 기본권을 침해하는 조항이 포함되었으며 국회의 권한을 축소했다. 이뿐만 아니라 직접 선거로 뽑았던 대통령을 간접 선거로 뽑는 것으로 바꾸었다.
결국 유신 헌법은 모든 권력이 대통령에게 집중되도록 하여 독재 정치를 가능하도록 만들었다.

유신 헌법 공포를 보도한 신문 기사

법원의 역할

법원이 하는 일이 뭐예요?

민주주의 국가에서는 권력이 한곳으로 집중되는 것을 막기 위해 국가의 권력을 행정부, 입법부, 사법부로 나누었어요. 이를 삼권 분립이라고 앞에서 이야기했지요? 행정부는 나라 살림을 도맡아 하는 정부를 말하고, 입법부는 법을 만드는 국회를 일컫습니다. 그중 사법부는 법을 어긴 사람을 심판하는 역할을 맡은 곳으로, 법원이 여기에 속합니다.

법원이 하는 일이 궁금하다고요? 만약 여러분이 억울한 일을 당했다고 생각해 보세요. 그런데 법원이 없다면, 무조건 힘센 사람의 뜻대로 일이 해결되겠지요. 그렇다면 힘이 약한 대부분의 사람은 항상 힘센 사람에게 지거나 피해를 볼 수밖에 없어요. 그래서 국가 기관인 법원이 법을 토대로 재판을 통해 공정하게 판결을 함으로써 사회 질서를 유지하는 거랍니다. 국민이 행복하게 살아가기 위해서는 법원의 역할이 매우 중요해요.

법은 일상생활의 질서를 지켜 주는 규칙이에요. 어떤 잘못을 하면 어떤 처벌을 받는지가 정해져 있지요. 죄의 크고 작음에 따라 처벌받는 벌도 다릅니다. 또 죄를 지으면 누구나 반드시 처벌을 받습니다. 이러한 사회적 약속이 법으로 정해져 있기 때문에 사람들은 잘못을 저지르지 않으려고 노력하지요.

자동차 속도가 법으로 제한된 학교 앞 도로

법원도 종류가 많은가요?

법원의 종류와 역할

    법원은 대법원, 1심 판결을 맡는 지방법원과 2심 판결을 맡는 고등법원으로 나뉩니다. 먼저 대법원은 우리나라 최고의 법원이에요. 대법원장과 대법관으로 구성되며 서울에 있어요. 대법원은 재판을 받을 수 있는 최종 법원으로, 3심 판결을 담당한답니다.

    3심 판결이 무엇이냐고요? 우리나라는 한 사건으로 세 번까지 심판을 받을 수 있어요. 한 사건에 대한 재판의 마지막 과정인 세 번째 심판에서 판결을 내리는 것을 3심 판결이라고 해요.

    2심 판결은 고등법원에서 맡고 있어요. 고등법원은 다섯 곳이 있는데, 서울, 대전, 대구, 부산, 광주에 있답니다. 고등법원에는 고등법원장과 부장판사가 있어요. 재판을 할 때는 언제나 세 명의 판사가 합의를 해서 판결을 내리지요.

    1심 판결을 맡는 지방법원은 서울을 비롯해 각 도의 주요 도시에 자리하고 있어요. 지방법원이 없는 도시에는 '지방법원지원'이라는 하부 기관이 있고요.

    이 밖에 전문 법원으로 이혼이나 상속처럼 가정에서 일어나는 문제와 나이가 열아홉 살 미만인 아이들과 관련된 재판을 맡는 가정법원, 우리나라의 특허 소송을 전담하는 특허법원, 행정 소송 사건을 전담하는 행정법원 등이 있어요.

조선 시대의 사법 기관, 의금부와 형조

조선 시대의 최고 사법 기관은 '의금부'와 '형조'예요. 의금부는 왕족이나 관원의 범죄, 반역죄처럼 큰 사건을 다루었어요. 형조는 법률 소송, 형옥, 노예 등에 관한 일을 맡아 보았어요. 또 오늘날의 경찰청과 같은 포도청까지 관리했어요.

마을에서 일어난 작은 일은 마을의 수령인 사또가 맡아 판결을 했어요. 대부분 법에 따라 공정하게 심판했지만, 춘향전에 나오는 변 사또처럼 백성들을 괴롭히는 경우도 많았어요.

죄인은 어떻게 죗값을 치렀을까요? 백성들은 대부분 매를 맞았어요. 죄의 등급에 따라 엉덩이를 100대까지 맞았지요. 관리들은 혼자 먼 곳으로 귀양을 가는 벌을 많이 받았어요.

헌법재판소는 어떤 일을 하나요?

헌법은 최고의 법이지만, 시대의 변화에 맞지 않는 내용을 담고 있을 때가 있어요. 이럴 경우에는 그 내용을 바로잡을 필요가 생기지요. 때로는 같은 내용을 두고 서로 해석이 달라 다툼이 생기는 경우도 있고요.

이처럼 헌법과 관련된 분쟁을 다루는 특별 재판소가 바로 '헌법재판소'예요. 그럼 헌법재판소에서 하는 일에 대해 좀 더 자세히 알아볼까요?

우선 헌법재판소는 국회에서 만든 법률이 헌법에 어긋나지 않나 심사해요. 대통령이나 장관 등이 큰 잘못을 저질러 국회에서 파면을 요구할 때, 그것을 심판하는 일도 하지요.

이 밖에 국가 기관과 국가 기관, 국가 기관과 지방 자치 단체, 지방 자치 단체와 지방 자치 단체 사이에 다툼이 생길 때도 심판을 하지요.

국민이 헌법 소원을 하면 이를 심판해요. 헌법 소원이란 헌법 정신과 다른 법률에 의하여 헌법에 보장된 국민의 권리와 자유를 침해했다며 그 진실을 가려 달라고 하는 것을 말합니다. 헌법재판소는 정당 해산권도 있어요. 어떤 정당이 헌법 질서를 어지럽혔다고 정부가 판단해 정당 해산 심판을 요구하면 그 결정을 심판하는 일을 하지요.

헌법재판소는 아홉 명의 재판관으로 구성되는데 대통령, 국회, 대법원장이 각각 세 명씩 선임하고 대통령이 임명하지요. 단 헌법재판소의 소장은 국회의 동의를 얻어야 하지요.

재판의 종류

민사 재판과 형사 재판은 뭐가 달라요?

재판은 사람들 사이의 다툼을 해결해 주어요. 물론 피해를 입은 사람을 제도적으로 구해 주고, 잘못한 사람에게 벌을 주지요. 이처럼 국민의 자유와 권리를 보호해 주는 재판의 종류에 대해 알아볼까요?

재판의 종류는 다양해요. 그중 민사 재판과 형사 재판이 가장 많아요. '민사'는 한자로 民(백성 민), 事(일 사)라고 써요. 민사 재판은 개인 사이에서 다툼이 벌어졌을 때, 옳고 그름을 판단해 주어요. 이때 재판을 청구한 사람을 '원고'라고 하고, 그로 인해 재판을 받게 된 사람을 '피고'라고 해요. 판사는 손해 배상이나 의무를 이행하라는 판결을 내립니다. 민사 재판에는 검사가 없고 원고와 피고 모두 소송대리인을 둘 수 있지요.

'형사'는 한자로 刑(형벌 형), 事(일 사)라고 쓴답니다. 형사 재판은 도둑이나 살인자, 강도처럼 사회 질서를 어지럽히는 범죄자에게 벌을 주는 재판이에요. 다른 사람이나 사회에 피해를 주는 나쁜 행동을 하는 사람을 법에 따라 처벌하는 거지요. 형사 재판은 민사 재판과 달리 범죄자에게 형벌을 주고자 하는 검사가 원고가 되고, 죄를 지은 범죄자가 피고인이 돼요. 피고인은 재판에서 판결한 대로 벌을 받아요.

형사 재판정의 모습

판사, 검사, 변호사는 어떻게 다른가요?

재판이 열리는 법정에 가 보면 판사, 검사, 변호사를 볼 수 있어요. 판사, 검사, 변호사는 모두 법을 다루는 일을 하지만 재판에서 맡은 역할은 각각 다르지요.

검사의 임무는 범죄를 수사하고 공소를 제기하며 재판에 참여하는 것이에요. 좀 어려운 말이 많지요? 《레미제라블》이라는 소설의 주인공 장발장이 배가 고파 빵을 훔친 사건을 예로 들어 볼까요? 검사는 그 사건을 수사하고, 공소를 제기해요. 공소가 뭐냐고요? 공소란 검사가 법원에 재판을 청구하는 것을 말해요. 검사는 재판이 열리면 장발장이 잘못했다는 증거를 제시하며 처벌을 요구하는 사람입니다.

하지만 법정에서 장발장을 감싸 주는 사람이 있어요. 바로 변호사입니다. 변호사는 일단 검사와 반대편에 있고, 피고인과는 같은 편에 서서 최대한 벌을 덜 받을 수 있게 도와주는 사람이죠. 변호사는 장발장이 최대한 가벼운 벌을 받을 수 있도록 판사를 설득해요.

판사는 검사와 변호사의 의견을 듣고 수렴하여 재판에서 판결을 내리는 사람입니다. 판결에 따라 피고인에 대한 벌이 결정되지요. 텔레비전을 보면 때때로 법정의 높은 자리에 앉아 망치로 "땅땅땅" 두드리는 사람을 볼 수 있어요. 그 사람이 바로 판사입니다. 판사는 "장발장의 죄는 매우 무거우므로 징역 5년에 처한다."라고 판결을 내리지요.

법을 나타내는 상징물, 해태와 정의의 여신

우리나라 사람들은 예로부터 해태가 법을 지켜 준다고 믿었어요. 해태는 옳고 그름과 선과 악을 본능적으로 잘 판단한다는 상상 속의 동물이지요. 그래서 조선 시대에 법을 심판하는 사람은 해태가 그려진 모자를 썼어요.

서양에서는 정의의 여신을 법의 상징물로 여겼어요. 정의의 여신은 한 손에 저울, 다른 한 손에는 칼이나 법전을 들고 있어요. 어느 한쪽으로 기울지 않고 공정한 판결을 내려야 한다는 의미예요.

법의 상징물, 정의의 여신

공정한 재판을 위한 제도

판사가 한쪽 편만 들어주면 어쩌죠?

그런 일은 없어요. 판사는 기본적으로 법에 따라 판결을 내려야 해요. 또 공정한 재판을 위하여 몇 가지 제도를 만들어 놓았어요.

첫 번째가 '사법권의 독립'이에요. 사법권이 다른 기관으로부터 완전히 독립할 수 있어야 한다는 거예요. 그래야만 판사가 어느 누구의 명령에도 흔들리지 않고 헌법과 법률에 따라서 판결을 내릴 수 있어요.

두 번째로 '3심 제도'가 있어요. 혹시라도 있을지 모르는 잘못된 판결로 인한 피해를 막기 위해서 한 사건에 대해 세 번까지 재판을 받을 수 있는 제도를 마련해 두었지요.

세 번째는 '공개 재판주의'가 있어요. 비밀리에 재판이 열린다면, 공정하지 못한 재판이 이루어질 수도 있어요. 그래서 누구나 재판 방청권을 신청하면 재판이 진행되는 과정을 지켜볼 수 있게 했어요. 하지만 개인이나 단체의 비밀이 반드시 보장되어야 하는 경우, 나라의 안보와 관련된 경우에는 재판을 공개하지 않을 수도 있답니다.

재판을 지켜보는 방청객

마지막으로 '증거 재판주의'가 있어요. 죄가 있을 것 같은 느낌이 강하게 들더라도 증거가 없다면 벌을 줄 수 없어요. 명백한 증거야말로 공정한 재판의 필수 조건이랍니다.

변호사를 구하지 못하면 어떻게 재판을 받나요?

재판에는 민사 재판과 형사 재판이 있다고 앞에서 이야기했지요.

그중에서 형사 재판을 받을 때는 변호인이 반드시 필요해요. 죄는 저지르지 않았는데 억울하게 죄인으로 몰리는 경우가 있을 수 있어요. 그때 변호사가 있어야 죄가 없다는 것을 증거를 들어 설명해 줄 수 있어요. 그런데 변호사의 도움을 받으려면 비용이 듭니다. 가난한 사람은 이럴 때 어떻게 해야 할까요?

국가에서는 이런 경우를 대비하여 만약 피고인이 변호사를 구하지 못할 형편이라면, 국가에서 대신 구해 주는 제도를 마련해 두고 있어요. 이러한 변호사를 '국선 변호인'이라고 해요.

또 '법률 구조 제도'도 있어요. 억울한 피해를 당하고서도 법을 모르거나 돈이 없어서 재판을 받을 수 없는 사람들이 있잖아요? 법률 구조 제도는 그런 사람들을 위해 법률을 상담해 주거나 변호를 해 주는 등 법률에 관한 일을 도와주는 제도예요.

법률 구조 제도에 따라 무료로 법률 상담을 해 주는 기관도 따로 있어요. 대한법률구조공단과 한국가정법률상담소, 대한가정법률복지상담원이 그런 기관이에요.

잘 알겠지요? 가난하다고 해서 재판을 못 받는 사람이 있으면 안 돼요. 법 앞에서는 모두가 평등하니까요.

가난한 사람에게 무료로 법률을 상담해 주는 대한법률구조공단

무료 법률 상담을 하는 모습

법과 관련된 국가 기관

> 정치 지식 플러스

법과 관계된 국가 기관은 많아요. 법을 만드는 기관, 법에 따라 판결을 내리는 기관, 범죄 수사를 전문으로 하는 기관, 법률적으로 소외된 이들을 돕는 기관 등이 있어요. 이런 기관들이 서로 협력하여 사회 질서를 유지하고 국민의 권리를 지키려고 노력하지요.

국회

국민의 대표로 구성된 입법 기관이에요. 우리나라의 법은 대부분 국회에서 만들지요. 예를 들어 스쿨존을 설치하고, 이를 위반했을 때의 벌칙 등을 국회의원들이 법으로 정해요.

국회 본회의장이에요. 이곳에서 국회의원들이 법을 제정해요.

대법원의 법정이에요. 이곳에서는 중요한 의미를 지니는 사건을 재판한답니다.

법원

> 법원의 종류가 많구나.

법원은 법을 바탕으로 판결을 내리는 국가 기관이에요. 대법원, 고등법원, 지방법원, 가정법원, 행정법원, 특허법원 등이 있어요.

헌법재판소

국민의 평등과 인권, 자유의 가치 등 헌법의 정신에 어긋났을 때 바로잡는 일을 해요. 또 대통령과 국무총리를 탄핵하는 일, 정당을 해산하는 일, 지방 자치 단체 간의 다툼을 조정하는 일 등을 하지요.

헌법재판소의 법정이에요. 헌법재판관은 9명이에요.

> 법과 관련된 다른 기관이 있는지 알아보자.

그 밖에 법과 관련된 기관

경찰청

나라의 법질서를 지켜 주는 기관이에요. 범죄를 예방하고 범죄자를 체포하고, 교통 단속 등을 책임지지요. 경찰은 공공질서가 유지되고 국민들이 안전하게 지낼 수 있도록 애씁니다.

법무부

검찰청, 교도소, 구치소, 보호 관찰 기관, 소년 보호 교육 기관, 출입국 관리 기관 등을 책임지고 있어요. 범죄자를 벌하는 동시에 교육을 통하여 범죄자들이 거듭날 수 있도록 돕고 있지요.

법제처

정부의 모든 법령의 입법을 심사하고, 법령을 개선하는 일을 합니다. 또 국내의 법 제도에 관한 조사와 분석을 하지요. 행정 홍보 및 자치 입법 지원도 해요.

검찰청

검사들이 일하는 곳입니다. 검사들은 여러 범죄를 수사하여 법원에 재판을 청구하고, 범죄자들이 벌을 받을 수 있도록 재판 집행을 지휘 감독해요. 대검찰청, 고등검찰청, 지방검찰청이 있어요.

대한법률구조공단

경제적으로 어렵거나 법을 몰라서 법의 도움을 받지 못하는 사람들을 돕는 곳이에요. 무료로 법을 상담해 주고, 소송과 변호를 도와주어서 국민들이 기본권을 지킬 수 있도록 도와요.

6장 국민과 정치 참여

오늘날 국민이 정치에 참여할 수 있는 방법은
아주 다양해요. 물론 선거에 참여하는 것은 기본이고요.
평소에도 나라에서 하는 일에 관심을 가지고
국가 기관의 홈페이지를 통해 의견을 전달하거나
시민 단체 활동을 통해 정치에 참여할 수 있어요.
많은 국민이 정치에 적극적으로 참여하면 할수록
올바른 민주주의 국가가 된답니다.

국민이 누릴 수 있는 권리에는 무엇이 있나요?

국민이 인간답게 살기 위해서는 기본적인 권리가 보장되어야 해요. 헌법에는 국민들이 행복하게 사는 것을 권리로 보장하고 있어요.

국민이 누려야 할 기본적인 권리를 '국민의 기본권'이라고 하지요. 국민의 권리에는 평등권, 자유권, 참정권, 청구권, 사회권이 있어요.

평등권은 모든 국민이 사회적 신분이나 성별, 종교에 상관없이 법 앞에서 차별을 받지 않을 권리를 가리켜요. 평등권은 모든 기본권 보장의 전제 조건이에요.

자유권은 일정한 범위 안에서 국가의 간섭을 받지 않고, 자신이 하고자 하는 생각에 따라 행동할 수 있는 권리예요. 자유권에는 신체의 자유, 종교의 자유, 언론·출판·집회의 자유, 직업 선택의 자유 등이 있어요.

참정권은 국민이 국가 운영에 참여할 수 있는 권리를 말해요. 구체적으로 선거에 참여할 권리, 공무원이 되어 나랏일을 할 수 있는 권리 등이 정치에 참여할 수 있는 권리이지요.

청구권은 국민의 권리가 침해당했을 때 국가에 그 구제를 요구할 수 있는 권리예요.

마지막으로 사회권은 한마디로 인간답게 생활할 수 있는 권리예요. 사회권으로 인해 국민은 인간으로서 누려야 할 최소한의 생활을 국가에 요구할 수 있어요.

국민의 권리를 보호해 주는 옴부즈맨 제도

옴부즈맨은 스웨덴 어로 대리자를 뜻하는 말이에요. 정부의 잘못으로 국민이 피해를 입었을 때 입법부에서 임명한 행정부의 감찰관이 대신 이를 해결해 주는 제도예요. 1909년에 스웨덴에 처음으로 도입됐고 뒤를 이어 핀란드, 노르웨이, 네덜란드, 뉴질랜드 등에서 채택하였어요. 우리나라는 2008년에 생긴 국민권익위원회가 옴부즈맨 역할을 하고 있답니다.

국민권익위원회

국민의 의무

국민이 지켜야 할 의무도 있다고요?

국민으로서 한껏 누릴 수 있는 권리가 주어졌다면, 반드시 지켜야 할 의무도 당연히 따릅니다. 헌법에는 우리나라의 국민으로서 지켜야 할 의무를 정해 놓았어요.

교육의 의무는 어린이에게 법이 정하는 교육을 의무적으로 받게 해야 한다는 거예요. 교육이 개인뿐만 아니라 국가의 발전에 도움이 된다고 보는 거지요.

근로의 의무는 모든 국민이 일을 함으로써 국가의 발전에 이바지해야 하는 의무예요. 만약 국민이 일을 하지 않는다면 경제 활동이 원활하지 않아 국가가 유지되지 않기 때문이에요.

납세의 의무는 법이 정하는 대로 세금을 성실하게 내야 하는 의무를 말해요. 국가는 세금이 있어야만 나라 살림을 할 수 있어요.

국방의 의무는 모든 국민이 나라를 지켜야 하는 의무예요. 군인에게만 해당되는 이야기라고 생각할지 모르지만, 모든 국민이 지켜야 할 의무랍니다.

환경 보전의 의무는 환경을 오염시키지 않을 의무예요. 우리 모두가 쾌적한 환경에서 살아가기 위해서이지요.

국민의 권리를 잘 보장받기 위해서라도 국민의 의무를 잘 지켜야 한답니다.

나라를 지키는 군인들

정치는 정치인만 하는 건가요?

많은 사람이 정치는 많이 배우고 사회 경험이 풍부한 사람만이 할 수 있다고 생각해요. 그래서 정치는 전문적인 정치인에게 맡겨 두는 게 옳다고 여겨요. 그러나 정치는 국민인 우리 모두의 일입니다. 나이와 성별에 상관없이 모두가 참여하는 일이에요. 일상생활 속에서 우리는 정치와 함께하기 때문입니다.

정치가 왜 우리 생활 속의 일인지 쉽게 말해 줄게요. 우리는 교통질서를 어기면 벌금을 내야 해요. 65세 이상의 할아버지, 할머니는 지하철을 무료로 이용할 수 있어요. 서울을 비롯해 여러 지역의 초등학교에 다니는 어린이들은 급식비를 내지 않고 급식을 먹어요. 또 학교 주변에서는 자동차의 속도를 줄여야 해요. 이 모두가 정치 활동으로 결정된 일이지요. 정치는 우리 생활과 밀접한 관련이 있답니다.

정치인들이 자신의 뜻을 펼치기 위해 내놓는 여러 가지 방법을 '정책'이라고 하는데, 국민들이 관심이 있어야 올바른 정책이 펼쳐집니다. 국민들은 올바른 정책을 펼치는 정치인을 선택하거나, 필요한 정책을 마련해 달라고 직접 나설 수 있어요. 정치는 결코 멀리 있는 일이 아니랍니다.

이제 왜 모든 사람이 정치에 관심을 갖고 적극적으로 참여해야 하는지 알겠지요? 국민이 정치에 관심을 가지면 정치인은 국민의 뜻에 따라 정책을 만들려고 노력합니다. 이렇게 민주주의 국가는 국민의 뜻에 따라 정치를 실현시키지요.

그런데 국민이 정치에 무관심하면 일부에게만 유리한 법을 만들거나 세금을 자기 마음대로 써 버릴 수도 있어요. 따라서 국민은 정치에 늘 관심을 갖고 좋은 정책이 실현될 수 있도록 참여해야 합니다.

무료로 급식을 먹는 서울의 초등학생

투표를 하지 않으면 불이익을 주는 의무 투표제

선거는 가장 쉽고 확실한 정치 참여 방법이에요. 그런데 투표율이 낮으면 국민의 의사가 정치에 제대로 반영되기 어렵겠지요?
그래서 의무 투표제를 실시하는 나라가 있어요. 투표를 의무로 정하고, 이를 지키지 않으면 벌금, 투표권 회수 등의 불이익을 주지요. 호주를 비롯해 벨기에, 싱가포르 등이 의무 투표제를 실시하는 나라예요.

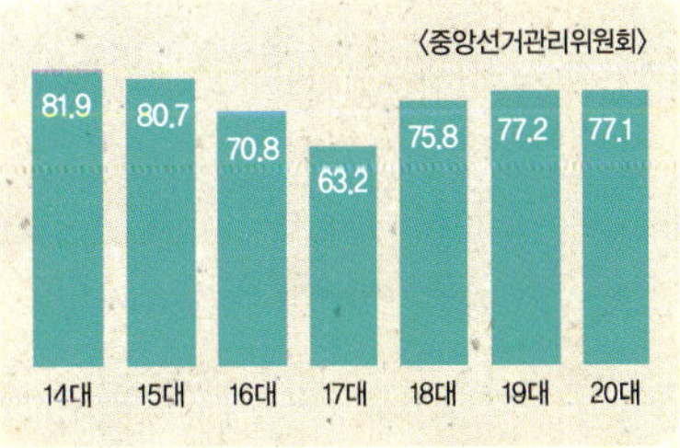

〈중앙선거관리위원회〉

14대	15대	16대	17대	18대	19대	20대
81.9	80.7	70.8	63.2	75.8	77.2	77.1

우리나라 역대 대통령 선거 투표율

정치에 참여하는 방법에는 무엇이 있나요?

국민이 정치에 참여할 수 있는 가장 일반적인 방법은, 자신의 의견을 대신 주장해 줄 대표자를 뽑는 선거예요. 대표자를 통해서 나의 의견을 전하는 것은 대의 민주주의 방식이에요.

그런데 이 방식으로는 국가 정책에 관한 나의 의견이 빠르고 정확하게 정치에 전달되지 않을 때가 많아요. 그래서 때로 사람들은 직접 자신이 나서서 국가 정책에 관한 의견을 전하는 방법을 찾아요. 이것이 직접 민주주의 방식이자, 적극적인 정치 참여라고 할 수 있지요.

우선 신문이나 잡지, 텔레비전과 같은 언론 매체를 통해 국가 정책에 대해 의견을 내고, 비판을 할 수 있어요.

또 직접 국가 기관에 의견을 낼 수도 있어요. 청와대, 대법원은 물론 모든 국가 기관과 지방 자치 단체에는 인터넷 홈페이지가 있거든요. 여기에 자신의 의견을 올리면 된답니다.

자신의 뜻에 맞는 시민 단체에서 활동하는 것도 정치에 적극적으로 참여하는 한 방법이에요. 더 나아가 정당에 가입해서 활동하는 방법도 있어요. 정당에는 정치인이 아니라도 국민은 누구나 들어갈 수 있어요. 자신의 뜻을 실현해 줄 정당에 힘을 실어 준다면 해당 정당의 정책 결정에 더 큰 영향력을 미칠 수 있지요.

가장 적극적인 정치 참여는 다른 사람들의 지지를 모아 자신이 대통령이나 시장, 도지사와 같은 공직자가 되어 나라 또는 지역의 정책을 직접 이끌어 가는 방법이지요.

국민들이 정치에 참여할 때는 주의할 게 있어요. 우선 현실적으로 실현되기 어려운 요구를 해서는 안 돼요. 또 오직 자신의 이익을 위해서 내는 의견도 옳지 않아요. 무엇보다 자신의 요구를 주장하기 전에 자료를 검토하거나 다른 사람의 의견을 들어 보고 그것을 바탕으로 올바르게 판단하는 과정이 필요해요.

시민 단체의 역할

시민 단체에서는 무슨 일을 하나요?

정치에 조금 더 적극적으로 참여하고 싶은 사람들은 서로 모여 '시민 단체'를 만들어요. 시민 단체는 한 개인이나 집단의 이익을 추구하는 것이 아니라, 환경이나 인권과 같은 사회 공동체 발전을 위한 일을 하지요. 한마디로 시민 단체는 시민들이 스스로 모여 사회 전체의 이익을 위해 활동하는 단체예요.

우리나라에는 많은 시민 단체가 활동하고 있어요. 경제, 노동, 인권, 환경, 교육, 소비자, 여성, 평화 등 전 영역에 걸쳐 활동해요. 시민 단체는 정부가 정책을 결정하는 데 큰 영향을 미치지요.

시민 단체에서는 자신들의 주장이 정책에 반영될 수 있도록 힘씁니다. 정부나 지방 자치 단체의 활동을 감시하고, 뜻을 함께하는 시민들의 서명을 받아 필요한 법을 만들라고 국회의원을 설득해요.

결국 시민 단체는 평범한 시민들이 모여 만든 것이지만 그 힘은 매우 큽니다. 2000년 국회의원 선거 때는 시민 단체들이 여럿 모여서 '국회의원이 되어서는 안 될 사람'을 선정하여 선거에서 떨어뜨리는 운동을 벌이기도 했어요. 일을 열심히 하지 않거나 개인의 이익을 위해 나쁜 짓을 많이 한 정치인들이 대상이 되었어요. 시민 단체에서 선정한 대다수의 후보자들은 국회의원이 되지 못했지요.

더 좋은 사회를 위해 자신의 시간과 비용을 써 가며 활동하는 시민 단체 운동가들은 참 대단하지요. 우리나라의 여러 시민 단체는 올바른 사회와 정의로운 국가를 만들어 가기 위해 노력하고 있어요.

동물 보호 단체의 유기견 시설 봉사

환경 단체의 에너지 절약 캠페인

자신들의 이익을 위해 활동하는 이익 단체

이익 단체는 일반 시민들이 모여 만들었다는 점에서는 시민 단체와 비슷해요. 하지만 그 성격은 전혀 다르지요. 시민 단체는 사회 공동체의 이익을 목표로 하고, 이익 단체는 자신들의 권리와 이익을 보호하는 것이 목표거든요. 이익 단체에는 각 회사에 속한 노동조합, 의사 협회, 만화가 협회, 화물차 연대, 야구 선수 협회 등이 있어요.

이익 단체는 국민 스스로 자신의 권리를 찾고 보호한다는 점에서 민주주의 정치의 중요한 한 부분이라고 할 수 있어요. 하지만 정당한 권리를 넘어 몇몇 사람의 이익만을 위한 이기적인 행동을 하면 사회에 피해를 줄 수 있어요.

전자 민주주의가 뭐예요?

놀이터에 있는 미끄럼틀이 많이 녹슬어서 위험해 보인다고요? 이 문제를 직접 해결해 볼까요? 구청이나 시청 홈페이지 게시판에 미끄럼틀을 고쳐 달라고 글을 올리면 됩니다. 이런 글을 '민원'이라고 해요. 민원이 접수되면 담당 공무원이 문제를 해결해 주지요. 직접 관공서를 찾아가지 않고 인터넷 접속만으로도 가능한 것이 많아요.

인터넷 사용이 활발해지면서 정치도 달라지고 있어요. 인터넷을 이용해서 지역 행정 기관은 물론 국회의원, 대통령에게도 자신의 생각과 의견을 바로바로 전달할 수 있어요.

정치가도 자신을 알리기 위해 홈페이지를 만들고 전자 우편을 통해 유권자에게 자신이 한 일을 알려요. 또 인터넷 토론 게시판에서 다른 사람들과 의견을 나눌 수도 있어요. 정당에서도 중요한 직책을 맡을 사람을 뽑을 때 인터넷이나 모바일을 이용해 투표를 합니다.

최근 들어 뉴미디어와 정보 기술(IT)이 빠르게 발전하고 있어요. 이와 함께 등장한 새로운 형태의 정치 체제를 전자 민주주의라고 해요. 전자 민주주의는 인터넷과 모바일 같은 정보 통신 기술을 이용해 국민이 정치 과정에 직접 참여하는 걸 말해요.

전자 민주주의의 꽃은 전자 투표예요. 전자 투표는 종이로 된 투표지 없이 정보 기술을 활용해 투표를 하는 것이에요. 전자 투표는 신체적 장

애를 가진 사람이나 노약자를 비롯해 투표소에 가기 어려운 사람에게 투표에 참여할 수 있는 기회를 준다는 장점이 있어요.

앞으로 더 발전할 전자 민주주의 시대에는 대의 민주주의의 한계를 뛰어넘어 국민들이 직접 정치에 참여할 수 있다는 점에서 정치 역사에 더 큰 변화를 가져오게 될 것입니다.

정치 사건

아이슬란드의 전자 민주주의

아이슬란드에서 2010년부터 2년여에 걸친 개헌안 초안이 국민 투표를 거쳐 통과되었다. 아이슬란드는 헌법 개정 과정에서 인터넷을 기반으로 활발한 토론을 진행했다. 개헌안에 대해 국민들은 인터넷과 페이스북, 트위터 등을 통해 다양한 의견을 활발하게 나누었다.

아이슬란드가 전자 민주주의로 헌법 개정을 한 것은 현대 사회에서 직접 민주주의와 국민 자치를 실현했다는 점에서 주목할 만하다.

아이슬란드 개헌안 심의회 공식 페이스북

여론의 뜻과 역할

여론이 뭔가요?

여론은 어떤 문제점에 대해 다수의 사람이 가지고 있는 생각이나 의견을 말해요. 사람들이 모여 살다 보면 어떤 문제점이 생기는데, 그 문제점을 바라보는 사람들의 생각은 제각각 달라요. 그중 가장 많은 사람이 옳다고 생각하는 의견이 바로 '여론'이에요.

가장 많은 사람의 의견인 만큼, 여론은 국민들의 뜻을 나타내고 있다고 할 수 있어요. 그러므로 여론은 나라의 중요한 외교 문제를 해결하거나 정부에서 정책을 만들고 그것을 시행하는 데 매우 큰 영향을 미칩니다.

우리나라는 '모든 국민은 언론·출판·집회·결사의 자유를 가진다.'라고 헌법에 정해 둘 만큼 국민 개개인의 생각을 자유롭게 표현할 수 있도록 보장하고 있어요.

대의 민주주의 국가에서 국민의 대표로 뽑힌 정치가들은 국민의 여론을 최대한 수렴하기 위해 노력해요. 그래야 국민으로부터 신임을 얻을 수 있고 지지를 받을 수 있거든요. 그래서 오늘날의 민주 정치를 '여론 정치'라고도 부른답니다.

이처럼 중요한 여론을 제대로 알기 위한 방법이 있을까요?

그럼요. 다양한 방법으로 여론 조사를 실시하면 되지요. 여론 조사 방법으로는 전화 조사, 우편 조사, 면접 조사 등이 있어요. 여론 조사는 목적에 따라 그 방법을 달리하거나 몇 가지 방법을 함께 쓰기도 한답니다.

여론 조사는 대통령이나 국회의원 선거와 나라의 중대한 일을 결정하기 전에 어김없이 실시해요.

언론의 역할이 왜 중요해요?

언론은 매체를 통해 어떤 사실을 사람들에게 알리는 역할을 해요. 대표적인 언론 매체로는 신문, 텔레비전, 라디오, 잡지 등이 있어요. 요즘은 정보 통신 기술과 인터넷의 발달로 여러 매체의 다양한 뉴스를 보다 쉽게 접할 수 있지요.

언론은 여론을 형성하는 데 아주 큰 영향을 미칩니다. 여론이 형성될 수 있는 정보를 언론이 제공하기 때문이에요. 아무리 중요한 문제라도 언론에서 알려 주고 짚어 주지 않으면 사람들의 관심을 끌지 못해요. 반대로 그다지 중요하지 않은 사건도 언론에서 자꾸 보도하면 사람들의 관심이 집중되지요. 또 언론에서 어떤 의견을 강조해서 말하면, 그것을 받아들인 사람들이 자신도 모르게 그것이 옳다고 여기는 경우도 생긴답니다. 그래서 언론은 있는 사실 그대로를 국민에게 전해 주어야 해요. 그러려면 언론의 자유가 억압을 받으면 안 돼요.

오늘날 우리나라 언론은 많은 자유를 누리고 있어요. 그 자유는 제한 없이 취재하고 진실을 알리기 위한 것이에요. 언론이 그 자유를 잘못 쓰지 않도록 국민이 잘 감시하고 비판해야 해요. 언론이 정확하지 못하거나 공정하지 못하면, 국민은 국가와 정치에 대해 잘못된 정보를 얻을 수밖에 없어요. 언론이 정직하고 공정한지 항상 살펴보고, 언론이 바로 설 수 있도록 힘을 모으는 것도 우리가 해야 할 일입니다.

언론 탄압의 대표적인 사건, 언론 통폐합

1979년 말, 전두환은 군대를 동원하여 강제로 정권을 잡고 이듬해 대통령이 되었다. 전두환 정권은 정권에 대한 비판적인 여론이 확산되지 못하도록 언론을 통제했다. 정권의 마음에 들지 않는 언론사와 출판사들을 강제로 문을 닫게 하거나 다른 언론사에 통합시켰다. 정권에 유리한 뉴스만 내보내고, 불리한 뉴스는 내보내지 못하도록 탄압했다. 언론 통폐합은 국민의 눈과 귀를 막는 언론 탄압의 대표적인 사건이다.

언론 통폐합 보도 기사

사회 갈등

왜 사람마다 지지하는 정당이 다른가요?

민주주의 사회에는 다양한 정당이 있고, 정당마다 내세우는 정책이 달라요. 다양한 정당이 있는 이유는 그만큼 국민들의 의견이 다양하기 때문이에요. 인구가 늘어나고 사회가 복잡해지면서 사람들의 이익이 서로 부딪치고 의견이 갈라지는 경우가 많아진 것이지요. 자연스럽게 사회 갈등도 늘어날 수밖에 없어요.

우리나라의 대표적인 사회 갈등은 '지역감정'이에요. 경상도 사람이다, 전라도 사람이다, 충청도 사람이다 해서 고향이 같은 사람들끼리 뭉쳐 서로 대립하는 것이지요. 그 정도가 지나쳐서, 오히려 정책이 뒷전으로 밀리기도 해요. 정책에 따라 후보나 정당을 선택하는 것이 아니라, 출신 지역에 따라 지지하는 거예요. 나쁜 정치인들은 자신이 당선되기 위하여 은근히 지역감정을 부추기기도 해요.

이 밖에도 나이, 여성과 남성, 재산, 교육 수준, 직업 등에 따라 다양한 갈등이 존재해요. 따라서 사람들은 자신의 입장과 이익에 따라 정당을 선택해요. 해당 정당이 자신의 이익을 보호해 줄 거라고 믿는 거예요. 사람들마다 지지하는 정당이 다를 수밖에 없는 이유이지요.

하지만 서로를 이해하려고 노력한다면 사회 갈등이 커질 까닭이 없어요. 모두가 한 국민이라는 것을 기억할 때, 비로소 사회 갈등은 해결될 수 있을 테니까요.

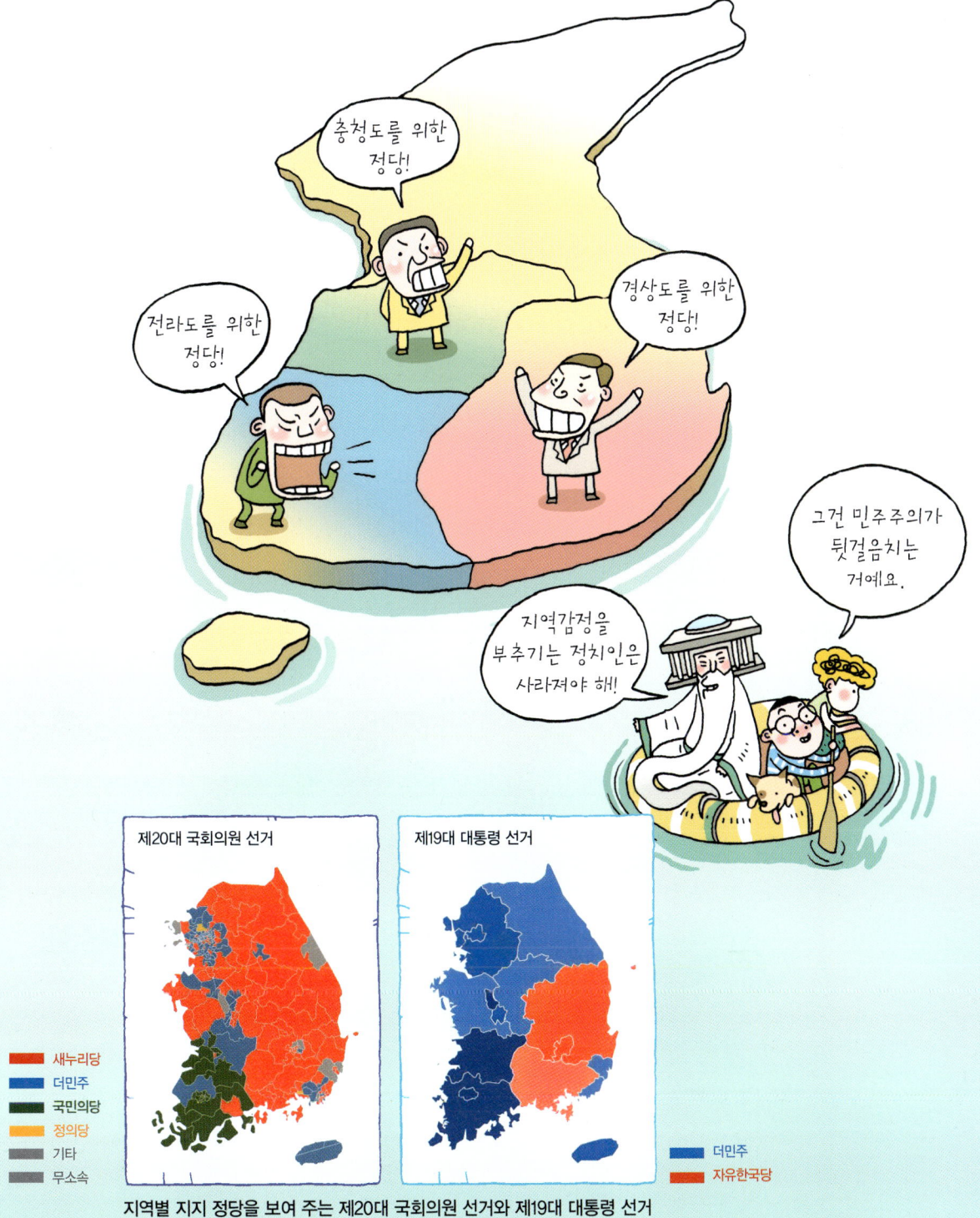

지역별 지지 정당을 보여 주는 제20대 국회의원 선거와 제19대 대통령 선거

사회 갈등을 정치로 해결한다고요?

사회 갈등 해결 방법

　사회에서는 이런저런 갈등이 일어납니다. 사회 갈등은 법과 정책을 둘러싼 문제뿐만 아니라 우리의 일상생활 곳곳에서도 나타납니다. 가족끼리 보고 싶은 텔레비전 프로그램이 다르거나 학급에서 짝을 정하는 방법에 대한 의견이 다른 것도 갈등이지요.

　사회 갈등을 해결하는 과정이 정치입니다. 따라서 일상생활에서부터 주인 의식을 가지고 민주적인 태도로 문제를 해결하면 복잡한 나라 정치도 잘 해결할 수 있어요. 그렇다면 어떤 태도가 민주적인 것일까요?

　우선 다른 사람의 의견을 잘 들어야 합니다. 나와 다른 생각을 가졌다면 대화와 토론을 통해 서로의 입장을 충분히 이해하고 의견을 모아야 하지요. 또 개인의 이익과 공동체의 이익을 함께 생각하고 헤아려 보는 태도를 가져야 합니다.

　또 어떤 주제에 대해 신문이나 인터넷, 텔레비전에 나오는 정보는 비판적인 태도로 접근해야 해요. 무조건 받아들이지 말고, 정보가 정확한 것인지 직접 자료를 찾아보면서 판단해야 해요.

　아울러 법을 잘 지켜야 합니다. 힘으로 상대를 누르거나 괴롭혀서 자신의 의견을 펼치려고 해서는 안 됩니다. 만약 자신의 의견대로 결정되지 않았더라도 적극적으로 받아들이는 자세도 필요합니다. 사회 전체의 이익에 도움이 되어야 진정한 정치 참여라고 할 수 있으니까요.

정치 지식 플러스

다양한 정치 참여 방식

정치인들만 정치를 하는 것은 아니에요. 민주주의 사회에서는 일반 시민들이 정치에 참여할 수 있는 길이 열려 있답니다. 내게 맞는 방법으로, 적극적으로 정치에 참여하면 더 좋은 세상을 만들 수 있어요.

선거하기

선거는 정치에 참여할 수 있는 가장 대표적인 방법이에요. 대통령, 국회의원, 도지사, 시장, 교육감 등 대표자를 우리의 손으로 직접 뽑고 있어요. 어떤 사람을 뽑느냐에 따라 사회의 모습이 달라지기 때문에 선거에 관심을 갖고 투표에 꼭 참여해야 해요.

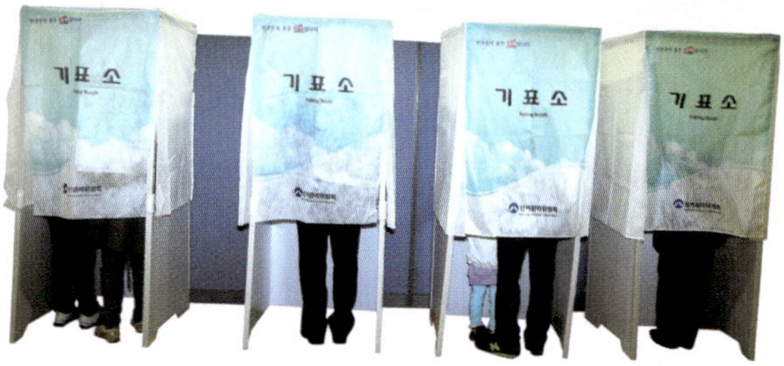

공청회 참여

법을 만들거나 정책을 결정하기 전에는 많은 사람의 의견을 듣기 위해 공청회가 열려요. 공청회에 참여하면 전문가의 설명을 듣고, 정책에 관한 나의 의견을 제시할 수 있답니다.

국가 기관에 의견 제기

각종 정책에 관한 자신의 의견을 국가 기관과 지방 자치 단체에 직접 알릴 수 있어요. 청와대, 대법원, 경찰서, 시청, 구청 등의 홈페이지에 직접 자신의 의견을 올리면 됩니다.

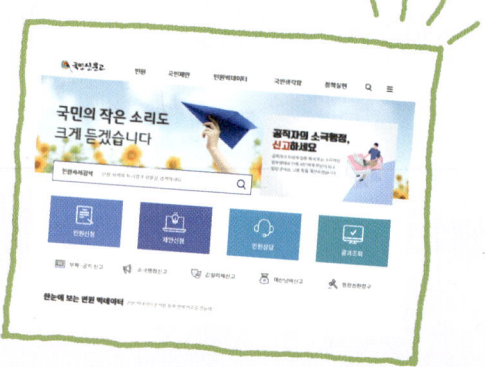

시민 단체 활동 참여

시민 단체에 가입하여 활동하는 방법도 있어요. 환경, 정치, 교육, 경제 등 다양한 분야의 시민 단체가 있으며, 회원이 되어 후원도 하고 시간을 내어 함께 행동할 수도 있답니다.

서명 운동 참여

서명 운동은 어떤 문제에 대해 찬성이나 반대의 의견을 밝히는 방법이에요. 이름을 쓰는 아주 간단한 방법으로도 정치에 참여할 수 있지요.

캠페인 참여

캠페인은 사회적으로 중요한 문제에 대해 사람들의 관심을 일깨우는 거예요. 홍보물이나 현수막 등을 통해 자신들의 뜻을 알려요. 눈길을 끌 수 있는 분장을 하거나 공연을 하기도 해요. 사회적 문제를 다른 사람과 이야기해 보는 것만으로도 캠페인에 참여하는 거예요.

모피 반대 캠페인 중~

집회 참여

같은 생각을 가진 사람들이 한곳에 모여서 한 목소리를 내는 것을 집회라고 해요. 요즘은 여러 사람이 조용히 의견을 표현하는 평화적인 집회가 점점 늘어나고 있어요.

| 사진 출처 |

검찰청, 경기소방재난본부, 경찰청, 국가기록원, 국립고궁박물관, 국립중앙박물관, 국민권익위원회, 대한민국 국회, 김경미, 김은정, 녹색소비자연대, 대한민국 법원, 대한법률구조공단, (사)동물보호시민단체 카라, 동아일보, 민주당, 법무부, 법제처, 부산국제영화제, 사이버 외교 사절단 반크, 새누리당, 연합뉴스, 5·18아카이브설립추진위원회, 정치박물관 아고라, 중앙선거관리위원회, 진보정의당, 청와대, 통합진보당, 한국매니스토실천본부, 한국학중앙연구원, 헌법재판소, AP통신, Dreamstime, Shutterstock, Photos, World Health Organization(WHO), Wikimedia commons(샛길, Alfred Eisenstaedt(White House Press Office), Andrzej Otrebski, Baek Jong-sik, Cherie A. Thurlby, Daniel Ullrich. Threedots, Dean Calma, Elkanah Tisdale, Erin A. Kirk-Cuomo, Foundation of Holy Defence Values, Archives and Publications-Website: www.sajed.ir, HappyMidnight, John Mayall, Leon E. Panetta, Marie-Lan Nguyen, Selbymay, SGT. Pete Souza(Official White House), RAY TURNBULL, Shawnc, Marion S. Trikosko, TTTNIS, work provided by Chris Collins of the Margaret Thatcher Foundation, World Economic Forum from Cologny-Switzerland, World Economic Forum on Flickr, ZackClark, Zhang Zhenshi, 东方)

- 이 책에 실린 사진은 저작권자의 허락을 받아 게재한 것입니다.
- 저작권자를 찾지 못해 게재 허락을 받지 못한 일부 사진은 저작권자가 확인되는 대로 게재 허락을 받고 통상 기준에 따라 사용료를 지불하겠습니다.

| 찾아보기 |

ㄱ

가정법원 · 130
검사 · 134, 136
검찰청 · 143
게리맨더링 · 57
게티즈버그 연설 · 30
《경국대전》· 125
경제 개발 협력 기구
(OECD) · 93
경찰청 · 143
고등법원 · 130
고용노동부 · 69
공개 선거 · 46
공개 재판주의 · 138
공무원 · 88
공사 · 90
공산주의 · 16
공청회 · 166
교섭 단체 · 116
교육부 · 69
교육의 의무 · 148
국가 원수 · 78, 86
국무총리 · 80, 84, 88
국민 자치 · 21
국민 주권 · 21
국민의 권리 · 124, 146
국민의 의무 · 148
국방부 · 69
국방의 의무 · 148
국선 변호인 · 140

국정 감사 · 98
국제 연합(UN) · 92
국제 원자력 기구(IAEA) · 93
국제 연합 교육 과학 문화 기구
(UNESCO) · 93
국토교통부 · 69
국회 · 98, 142
국회의장 · 101
국회의원 선거 · 104
국회의원의 의무 · 110
권력 분립 · 21
근로의 의무 · 148
근로의 의무 · 148
기획재정부 · 69

ㄴ

납세의 의무 · 148
내각 책임제 · 76
농림축산부 · 69
뉘른베르크 법 · 25

ㄷ

다당제 · 118
다수결의 원칙 · 28
나자 회담 · 87
단임제 82
대법원 · 130
대사 · 90
대선거구제 · 56
대의 민주주의 · 22
대통령 · 66, 74, 78

대통령 간접 선거 제도 · 44
대통령 권한 대행 · 84
대통령 비자금 사건 · 79
대통령 선거 · 74
대통령의 권한 · 78
대통령제 · 76, 95
대통령 직접 선거 제도 · 44
대통령 탄핵 소추 · 85
대통령 후보 · 74
대한가정법률복지상담원 · 140
대한법률구조공단 · 140, 143
독재 체제 · 16
등급별 선거제 · 42

ㅁ

마르크스 · 16
마틴 루터 킹 · 41
매니페스토 운동 · 55
면책 특권 · 108
무소속 후보 · 114
문화체육관광부 · 69
미국 공화당 · 120
미국 민주당 · 120
미래창조과학부 · 69
민사 재판 · 134
민원 · 156
민주 정치 · 14, 20
민주당 · 121
민주주의 · 14, 16, 18
민주주의 국가 · 14
민주주의의 꽃 · 36

박정희 · 32
반크 · 91
《백서》 · 69
법률 구조 제도 · 140
법무부 · 69, 143
법원 · 128, 142
법제처 · 143
법치주의 · 24
변호사 · 136
변호인 · 134
보건복지부 · 69
보궐 선거 · 60, 107
보통 선거 · 40, 42
부재자 투표 · 48
부통령 · 80
불문 헌법 · 126
불체포 특권 · 108
붕당 정치 · 117
브래들리 효과 · 59
비례 대표 국회의원 · 106
비밀 선거 · 46

ㅅ

사법권의 독립 · 138
사법부 · 26, 128
4·19 혁명 · 33, 45
사회 갈등 · 162, 164
사회권 · 146
산업통상자원부 · 69

삼권 분립 · 26
3심 제도 · 137
3심 판결 · 130
3·15 부정 선거 · 33, 45
서명 운동 · 167
선거 · 36, 166
선거관리위원회 · 50
선거구 · 56
선거권 · 38
선거권자 · 52
선거법 · 51
선거인 명부 · 52
성문 헌법 · 126
세계 보건 기구(WHO) · 93
소선거구제 · 56
시민 단체 · 154, 167
신정 정치 체제 · 95
실질적 법치주의 · 24

아고라 · 15
아이슬란드의 전자 민주주의 · 157
안정행정부 · 69
야당 · 116
양당제 · 118
언론 · 160
언론 통폐합 사건 · 161
에밀리 데이비슨 · 40
에스토니아의 선거 · 63
에이브러햄 링컨 · 30

여당 · 116
여론 · 158
여론 정치 · 158
여론 조사 · 158
여성가족부 · 69
연임제 · 82
영국 노동당 · 120
영국 보수당 · 120
영국 자유민주당 · 120
영사 · 90
5년 단임제 · 82
오바마 · 81, 82
오스트레일리아 선거 · 62
5·18 민주화 운동 · 32
5·10 총선거 · 32
5·16 군사 정변 · 33
옴부즈맨 제도 · 147
외교관 · 90
외교부 · 69
원고 · 134
6월 민주 항쟁 · 23, 33
유럽 연합(EU) · 92
유신 헌법 · 32, 127
의결 정족수 · 102
의금부 · 131
의무 투표제 · 151
의원 내각제 · 76, 95
이승만 · 32, 80
이시영 · 81
2심 판결 · 130

이원 집정부제 · 94
이익 단체 · 155
이집트의 선거 · 63
이탈리아의 선거 · 63
인간 존엄성 · 18
인사 청문회 · 98
일당 독재 체제 · 95
일본 민주당 · 121
일본 자유민주당 · 121
일본의 선거 · 63
1심 판결 · 130
임시 국회 · 100
입법부 · 26, 98, 128
입법 활동 · 98
입헌주의 · 21

ㅈ

자유 · 18
자유권 · 146
작은 정부 · 70
재선거 · 60
전자 민주주의 · 156
절대 군주제 · 94
정기 국회 · 100
정당 · 112, 114
정당 해산권 · 132
정부 · 66
정부 조직도 · 68
정상 회담 · 86
정의의 여신 · 137
정책 · 150

정치 · 12
제헌절 · 126
중·대선구제 · 56
중국 공산당 · 121
중앙선거관리위원회 · 50
중앙 정부 · 72
중임제 · 82, 104
증거 재판주의 · 138
지방법원 · 130
지방 자치 제도 · 22
지방 정부 · 72
지역감정 · 162
지역구 국회의원 · 106
G20 정상 회담 · 87
직접 민주주의 · 22
직접 선거 · 44
진보정의당 · 121
집회 · 167

ㅊ

참정권 · 146
청구권 · 146
초선 의원 · 104
총리 · 76
출구 조사 · 58

ㅋ

케냐의 선거 · 62
큰 정부 · 70

ㅌ

탄핵 · 84

통일부 · 69
투표 · 166
특별 재판소 · 132
특허법원 · 130

ㅍ

판사 · 136, 138
평등 · 18
평등 선거 · 42
평등권 · 146
프랑스 혁명 · 31
피고 · 134
피선거권자 · 52
필리핀의 선거 · 62

ㅎ

한국가정법률상담소 · 140
해양수산부 · 69
행정 각부 · 68
행정 법원 · 130
행정부 · 26, 66, 128
헌법 · 124, 126, 132
헌법 소원 · 132
헌법재판소 · 132, 143
형사 재판 · 134
형식적 법치주의 · 24
환경 보전의 의무 · 148
환경부 · 69
회기 · 100
흑인 참정권 운동 · 41